日本及び日本人の
セイフティネット

未来社会を変える
寺院
基本経営学

●著者●
加賀　博

高野山大学 非常勤講師
千葉商科大学大学院 客員教授
東京理科大学大学院 非常勤講師

カナリアコミュニケーションズ

◆目次◆

【Ⅰ】

21世紀寺院のかかえる
問題と課題

（1）少子高齢化社会（人口減・家族減・檀家減）

1. 日本の現状 　→　超高齢社会

　近年、老年人口比率（以下高齢化率）が 7% 以上 14% 未満の社会を「高齢化社会」、14% を超えた社会を「高齢社会」、21% を超えた社会を「超高齢社会」と呼んでいます。

　日本の高齢化率は、平成 25 年版高齢社会白書によると、65 歳以上人口は 3000 万人を超え、平成 24 年 10 月 1 日現在、24.1% であり、「超高齢社会」となっています。また、極端な出生率の低下による子ども数の減少が加わり、近年では「少子高齢社会」と言われます。

　又、平均寿命が男性 79.9 歳、女性 86.4 歳と世界でも有数であることから「長寿社会」とも呼ばれています。

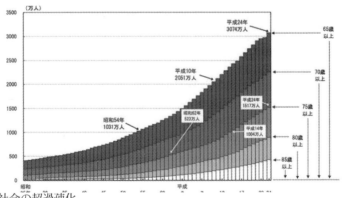

高齢者人口の推移（昭和25年〜平成24年）

②地域社会の超過疎化

③葬儀、供養、法要、お墓の管理（先祖崇拝）意識の低下

④葬儀会社との競争

⑤寺院法要、行事、イベント参加減少

⑥寺院後継者不足

⑦寺院の社会的存在価値の低下

　　　　　　　　　　（1956 年　国際連合作成報告参照）

2. 出生率の低下による少子化

　近年、出生率の低下により、子どもの数が減少しています。合計特殊出生率（一人の女性が一生に産む子供の平均数）の推移をみると、第 1 次ベビーブームにあたる 1949(昭和 24) 年に 4.32 であったものが減少しはじめ、1973(昭和 48) 年の第 2 時ベビーブームで出生数は増加したものの、それ以降は出生率・出生数ともに減少傾向が続いています。平成期に入ってからは、人口を維持するのに必要な水準（人口置換水準）である 2.08 をも下回るようになり、出生率が 2005(平成 17) 年に過去最低の 1.26 を記録し、2012(平成 24) 年の時点で 1.41 となっています。

　日本の総人口は現在をおおむねピークとして、今後は長期にわたって減少していくことが予測されています。

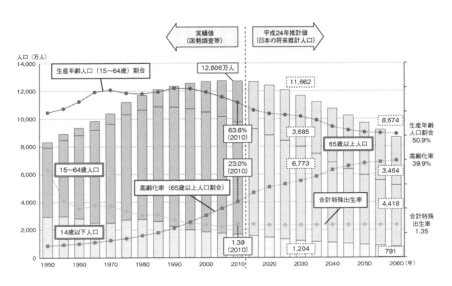

(厚生労働省資料・総務省資料・内閣府資料　参照)

3. 家族構成の変化と一人暮らし高齢者の急増

　国税調査における平均世帯人員の値の推移を見ると、約5人前後で推移していたが、昭和30年代になってから減少しはじめ、平成期に入ると3人を下回ってしまい、2010(平成22)年には2.42人となっています。平均世帯人員数でみる限り、半世紀の間にほぼ半減しており、大家族制から夫婦家族制への移行、そして近年では単身者世帯の増加が大きく影響しています。

　65歳以上の高齢者のいる世帯について見ると、「三世代世帯」は1975(昭和50)年の54.5%が2010(平成22)年の16.2%へと減少しています。それに比べて「夫婦のみ世帯」は同時期に13.1%から29.9%へ、「単独世帯」は8.6%から24.2%へ、「親と未婚の子のみの世帯」は9.6%から18.5%へと増加しています。

4. 高齢化の地域間格差

　人口の高齢化には地域間における大きな格差が認められます。原因は、高度成長期における、農村地方から大都市圏や都市部への若年世代を中心とする労働人口の移動です。この人口移動により、大都市圏や都市部では人口過密の問題が、地方では人口過疎と若年層が都市部へ移動したことによる高齢化の問題が出現することとなりました。
(厚生労働省資料・総務省資料・内閣府資料　参照)
(新・社会福祉士養成講座　12　社会保障　13　高齢者に対する支援と介護保険制度　中央法規　参照)

(2) 地域社会の超過疎化

1.「過疎市町村」の特徴

　過疎市町村の数は797、全国の1,718市町村の46%に当たり、(平成26年4月5日現在)過その面積は日本国土の半分以上を占めています。

過疎市町村は、大部分が農山漁村地域です。

区　　分	過疎市町村	全　国（全市町村）
市町村数 全国に対する割合（%）	797 46.4"	1,718 100.0
人口（平成22年国勢調査）千人 全国に対する割合（%）	11,355 8.9	128,057 100.0
面積（平成22年国勢調査）km2 全国に対する割合（%）	221,911 58.7	377,950 100.0

（全国過疎地域自立促進連盟　参照）

（注）　1 過疎市町村の数は、過疎地域市町村・過疎地域とみなされる市町村・過疎地域とみなされる
　　　　　区域のある市町村の合計です。
　　　　2 過疎地域とみなされる区域のある市町村の人口・面積は、その市町村の全体の人口・面積で
　　　　　なく、過疎地域とみなされる区域の人口・面積を集計しています。

　過疎市町村では、若者が流出するとともに高齢化が進んでいます。また、地域の主産業だった農林水産業の停滞や、商店や事業所などの閉鎖といった産業経済の停滞傾向が見られます。また、生活に必要な下水道や情報通信施設などの住民の生活基盤もまだ都市地域に比べ格差を残しているものが多く、厳しい状況は今なお続いています。その特徴をまとめて説明いたします。

・引き続く人口減少と高齢化

　現在の過疎地域の人口減少は、高度成長期のような激しさは見られなくなったものの、引き続き若者が流出することによる社会減（転出者が転入者より多い。）に加え、自然減（死亡者が出生者より多い。）が重みを増してきています。同時に、全般的に、さらなる高齢化が進行しています。

・地域産業経済の停滞

　かつての基幹産業であった農林水産業が著しく衰退した上に、最近の経済環境のもとでは、過疎地域への製造業など新たな事業所の立地はほとんど望めない状況にあります。

・農村漁村の荒廃

　人口減少や高齢化、産業経済の衰退で地域社会の活力が極端に低下しており、更に最近の医師不足など、まさに住民の命にかかる問題も深刻化しています。また耕作放棄地が増加し、森林の荒廃が進み、多くの集落が消滅の危機に瀕している状況にあります。

・社会資本整備に残る格差

　公共施設の整備も、道路など未だ不十分なものがあるほか、下水道、情報通信施設などのインフラ、医療・保健や住民の生活交通など、住民生活の基本的部分で都市地域との格差が残されています。

（3）現代寺院の役割と現状

1. 現代寺院の役割と現状

　日本には約77,000ものお寺があります※1。近年は、お寺を支える経済基盤の弱体化や後継者がいないなどの理由で、その20,000は廃寺ともいわれます。それでもコンビニエンスストアの全国店舗数（約47,000）※2を軽く上回る数です。寺院を訪れる目的とは、「お墓参り」が最も多く、「観光・旅行」「法事」と続きます（図1）。

　こうしてみると、お寺とのかかわりは意外にも多岐にわたり、葬儀だけではないと言えます。

※1：文化庁「宗教統計調査」（平成24年度）より
※2：日本フランチャイズチェーン協会「コンビニエンスストア統計年間集計（平成24年1〜12月）より

図1　寺院を訪れた目的（複数回答）

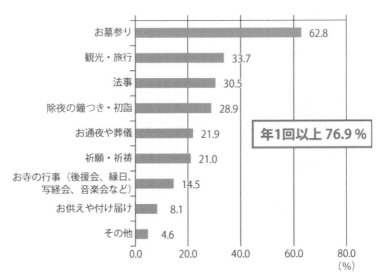

<第一生命経済研究所「寺院とのかかわり〜寺院の今日的役割とは」（平成21年）より＞

2. 檀家制度の崩壊

　檀家制度（寺請制度）の始まりは1638年（寛永15年）。宗教統制政策を打ち出した江戸幕府は、誰もが必ずどこかの仏教寺院に信者として帰属することを義務づけ、現在の戸籍にあたる宗門人別改帳（しゅうもんにんべつあらためちょう）に各戸の宗旨と菩提寺（信者の帰属寺院）名を記載して、その内容を寺院に保証させました。

　こうしてお寺が獲得した「檀家」に対し、幕府は菩提寺への参拝やお布施を義務づけたため、寺にとって檀家は安定した収益基盤でした。

　さて、こうして生まれた寺と檀家の関係ですが、核家族化や家意識の希薄化、少子化や都市部への人口流出によって、薄れつつあります。

　文化庁「宗教統計調査」によると、伝統仏教の檀信徒数は、1990年代に比べ、ここ20年で約2,000万人も減少しています。檀家となっている寺から墓を移し、お寺との付き合いを解消する「寺離れ」が進み、寺のお布施収入も減少し始めています。檀家の寺離れの背景にあるのは、信仰心の低下、お寺との永続的な付き合いやお布施が人々にとって重荷となっているからです。

　そしてお寺の側も厳しさを増しています。末寺から宗派への賦課金が減少するなか、離脱する末寺も現れるなど、宗派自体も弱体化の傾向にあります。
住職を対象にした調査では、こうした経済事情や後継者不足を理由に、このさき20年後の護持・運営を「厳しい」または「できない」と危惧する寺が6割を超えました。

3. 寺院消滅の状況

　「現在、全国に約7万7000の寺院がありますが、そのうち無住寺院（住職が不在の寺院）は約2万カ寺に達している。さらに宗教活動を停止した不活動寺院は2000カ寺以上にも上ると推定されます。放置すれば伽藍（がらん）の崩壊や、犯罪を誘引するリスクがあります。

　寺が専業で食べていくには、少なくとも檀家数は200軒なければ難しいと言われます。それも地域差があり、檀家が200軒以下であれば、住職が副業を持たない場合、生計を立てていくのは厳しいとされます。後継者のいない寺や経済力のない寺は「消滅可能性寺院」といえます。

　日本の寺院はかつてない危機に瀕しており、「菩提寺がなくなる」「お墓もなくなる」という事態が現実になろうとしています。

4. 寺院の後継者不足の実状

　仏教界全体で後継者不足が深刻になっています。中外日報社の調査で、10 大宗派 6 万 1789 カ寺のうち、少なくとも 1 万 2061 カ寺が後継ぎがいないなどで無住、または兼務（代務）寺院であることが分かりました。各宗派は会員制の後継者紹介システムなどを導入し対策に乗り出しているが、効果的解決策はまだ見つかっていません。この全体的な流れをどう乗り越えていくのか。外部からの新しい人材発掘にも期待がかかっています。

別表 1　仏教 10 大宗派の現状と対策

宗派	全寺院数	無住	兼務・代務	後継者の確保対策
天台宗 （15年10月現在）	3343	203	851	・後継者の相談を受け付ける「天台宗寺族相談所」 ・宗立学校への入学者を増やすための奨学金制度の充実 ・僧侶の資質向上を図る研修会
高野山真言宗 （15年10月現在）	約3600	約900		・後継者や入寺希望者、結婚希望者を紹介する「後継者支援システム」
真言宗智山派 （15年10月現在）	3061	※（1）	966	・様々な研修会を通して教師の育成、資質向上に努めている ・後継者や結婚希望者を紹介する登録制の「法縁NETWORK」
真言宗豊山派 （14年12月現在）	2648	41	830	・様々な研修会を通して教師の育成、資質向上に努めている
浄土宗 （15年4月現在）	7058	155	1366	・「後継者がほしい寺院」と「後継者になりたい教師」がそれぞれ登録し、出会いの機会を創出する寺院後継者相談制度
浄土真宗本願寺派 （14年3月現在）	10216	131	964	・会員制の寺院活動支援事業「NET縁」
真宗大谷派 （15年10月現在）	約8800	※（2）	693	・出逢いの場を創出する「縁JOY」 ・後継者を探す寺院・教会または入寺者の登録・情報提供する「総合相談室」
臨済宗妙心寺派 （14年5月現在）	3361	20	1032	・寺院後継者のマッチングをする「後継者相談所」 ・高齢者の「第二の人生」として僧侶になることを呼び掛けている
曹洞宗 （15年10月現在）	14535	39	3188	・後継者を求める寺院や後継者をマッチングする登録制の「後継者相談所」 ・出会いの場を創出する「ほほえみの集い」
日蓮宗 （15年11月現在）	5167	非公開	682	・出会いの場を創出する「良縁のつどい」

	消滅可能性都市に存在する宗教法人数	全宗教法人数	「消滅可能性寺院」の割合（％）
宗教法人数	62971	176670	35.6
天台宗	1062	2970	35.8
高野山真言宗	1613	3546	45.5
真言宗智山派	1053	2704	38.9
真言宗豊山派	577	2366	24.4
浄土宗	1718	6829	25.2
浄土真宗本願寺派	3273	10231	32
真宗大谷派	2464	8641	28.5
時宗	101	393	25.7
臨済宗妙心寺派	2464	3282	34.7
曹洞宗	5922	14062	42.1
黄檗宗	98	433	22.6
日蓮宗	1681	4903	34.3
日蓮正宗	186	580	32.1
仏教　その他	3889	14771	26.3
神社本庁	31184	76030	41

【Ⅱ】

今日まで日本及び日本人を支えてきた寺院の役割

聖徳太子が仏教を国の基本法として定めた時からすでに約1500年以上に近づこうとしています。この間、仏教は憲法の様な国をおさめる基本的な理念となり、そして寺院は行政府の役割を果たし、又、寺院は優秀な政務官（今日の官僚）を育成する教育機関でもありました。全国に国分寺が築かれ、今日でいえば各県庁の様な役割を果たしていました。従って寺院で学ぶ学生は役人の子息でなくてはならなかった時代でもありました。奈良時代の東大寺は現在の東京大学の様に優秀な人材を育成する総合大学でした。

　さて、時代と共に寺院の役割は変わります。平安時代に入り、空海が志した民衆、一般庶民の救済のためのセイフティネットとして寺の役割が重要になりました。寺では薬草の育て方、薬の作り方、又、地域に適した農作物の作り方、橋の作り方、土木工事の仕方、そして又、庶民にわかりやすい仏の教え、それまでは庶民が死んでもしっかりした葬儀もなく、お墓も適当で、法要、供養も行われない場合がほとんどでした。その理由はお坊さんを育てる機関が少なく、お坊さんの数が圧倒的に不足していたからです。空海はそのため高野山に真言密教の根本道場を建て、又、京都には世界初とも言える私立大学として向学心の高い庶民は身分を問わず教育費生活費が無料な綜芸種智院を作り、民衆救済民衆のための人材育成をはかりました。そして徐々に庶民にも先祖供養や葬儀を行われる様になり信仰の場としての、役割が大切になり、現在の寺の原形が出来上がりました。

　そして、平安時代では荘園制度が盛んになり、寺の開拓した農地は寺のものとして無税になり、寺が荘園開拓のため、仕事がなく生活が出来ない庶民を雇い入れ職業提供の場となりました。そこでは農業だけでなく必要な農機具や生活用品も作る仕事が増え、まるで現在の企業の様な役割になりました。又、室町時代に入り特に庶民にもカナ文字や必要な算術や知識教養を教える寺子屋が作られ、初等教育が盛んになり、寺院は教育機関の役割を果たす様になり、又、コミュニティの場として重要な場所になりました。室町時代後期から戦国時代は戦乱が続き、庶民は食べる事も出来ず、病が蔓延し寺は特に権力者（武士団）の砦、軍事の場所として重要なだけでなく、寺は難民保護の場所として重要な役割を果たしました。

　戦国時代がようやく終わりになり、安土桃山時代では寺の経営も安定し、特に武士団、大名の菩提寺としての役割が強くなり、大名やお金持ちからの支援が大きくなり、寺が壮大、華美になり、権力の象徴的存在となりました。寺には芸術品、美術品、工芸品が国内だけでなく海外からのものまで備えられ、文化、芸術的存在になりました。この頃になると、お坊さんの役割が多様になり、政治的顧問、医僧、学僧、薬僧、

画僧などあらゆる分野の専門家として活躍する様になりました。寺の付近には寺町が充実し、市が立ち、祭りが終われ大名から庶民にいたるまでイベントや催事が行われ、寺付近全体が憩いの場、レジャーの場、情報交流するコミュニティの場としての役割が重要になりました。

　さらに江戸時代に入り、全国が徳川幕府によって各藩が統一され、現在の共和国の様な体制になりました。各藩には藩の考えと法があり、税も政策も藩独自のものになりました。そこで庶民はどこの藩の住民であるか、家系はどうかなど現在の地域住民管理を寺が行う様になりました。寺には過去帳が管理され、庶民はいずれかの寺の檀家（檀家制度）であり、祖先の供養、法要、他お墓の管理される様になりました。全国に仕事に行ったり、お参りに入ったり、他の藩をまたいで移動する場合、通行手形（現在のパスポート）が必要であり、この通行手形を発行したのが寺でした。つまり身元保証し何の目的でどこへ行くか寺が責任を持って手形を発行しました。又、寺ではお金の貸借など銀行の様な役割も果たしていました。お金の必要な人に利息を取り、お金を貸すことも重要な役割でした。又、夜は賭博の場所にもなっている寺もありました。「かけこみ寺」という言葉がありますが、トラブルや困った時にはお寺に相談すると良いという意味です。密夜婚やケンカ、もめごと、結婚相手探し、仕事探し、身元保証などあらゆる庶民の必要とする支援を出来る限り行っていました。すなわち過去の寺院の役割は時代と共に発展、進化し庶民の総合的なセイフティネットであり、総合的コミュニティの場として必要不可欠なものでした。寺院の存在価値のポイントをまとめると下記の7つの役割を時代の変化と共に果たしてきたと言えます。

①地域行政としての役割

　・住民管理（住民、祖先、過去帳）

　・通行手形

　・（司法）身元保証

②家庭裁判所の役割

　・トラブル、調停、離婚、軽犯罪、もめごと

③文部科学省の役割

　・寺子屋、道場、人材育成（学僧）、歴史文化の伝承（美術館、図書館）

④**厚生労働省の役割**

　・病院、医師、看護、介護、援助、薬局（医僧）、仕事の紹介、結婚の紹介

⑤**防衛省の役割**

　・警察、防犯、地域労災、災害援助、軍事

⑥**金融（銀行）の役割**

　・お金の貸付

⑦**地域コミュニティに活性化ネットワーク・情報配信**

　・お祭り、市、ギャンブル、イベント

　しかし明治維新以来、廃仏棄釈により、その役割が衰退し現在お寺は葬式仏教と言われる程、信仰の場としての役割すら薄らいでいます。

【Ⅲ】

21 世紀寺院の重要性と
再生復活テーマ

さて21世紀の特徴はと言えば、何といっても世界がIT通信技術によりグローバルコミュニケーションが加速された事と、航空輸送手段が発展し地球上どこへでも24時間以内移動出来るといった地理的な空間が狭くなった事です。特に政治的経済的グローバル化に対しては、ダイバーシティといった各国々がお互いに歴史、文化、価値観の違いを認め合い新しい関係が大切な時代と言えます。すなわち世界が急速にグローバル社会に向かっていることです。しかし、現実を見ると大国と小国の格差が広がり、国民一人レベルにおいても経済格差が広がり、社会的に不安で不安定な時代になっています。特にテロの拡大による被害が世界各国に起き戦後もっとも危険な状況と言えます。又、日本国内においては都市と地方の格差が広がり、地方の人口減に伴う地方の崩壊が危れます。そして、田舎は若者が減少し、老人ばかりで平均年令が60才を超える所もあります。かつてあった小学校や中学校も生徒がいないため、廃校になっています。又、老人ばかりで医療が必要でも近くに病院がないといった状況です。家庭においても共働き多く、一家3代といった家庭は少なく核家族化のため家族崩壊といった現実が目立ちます。将来を考えると孤独と不安にかられ、仕事上のストレスやパワハラ、セクハラなど対人コミュニケーションの悩みのため心を病む人が急増し、自殺者や理解できない犯罪が増加し、社会問題化しています。

　こうした社会的不安の急増が21世紀最も重要な課題と言えます。これらを解決するためには社会的セイフティネットの充実と整備構築です。本来であれば政治、行政、教育機関、経済のテーマですが、過去最もこのセイフティネットの役割を果たしてきたのは寺院です。21世紀この課題に徹底して向き合い解決方法を実行するために寺院の復活が期待されます。又、この期待に答える事が寺院の21世紀テーマであり、寺院の復活・再生こうそが、日本の日本人の未来に最も大きな役割と影響を与えると言えます。

　さてそこで、寺院が目指す総合的セイフティネットを計画、実行し寺院再生復活をはかるためには次の公式が大切となります。

21世紀寺院再生復活テーマ
＝地域セイフティネット戦略×寺院基本経営管理×僧侶キャリアデザイン

（１）地域セイフティネット戦略

　寺院は本山を含めそれぞれ地域密着形です。どれだけ地域の住民（檀家さん信者さんを含む）のために何が出来るかを徹底的に調査分析し、テーマと課題を明確にする事が重要です。このためには地域住民セイフティネット調査を計画実行することです。地域住民セイフティネット調査は以下の調査ポイントを調査分析し、地域の状況と課題、解決方法を戦略化することです。
　・地域人口、平均初対数 4、出生数、出生率、人口増減、流入人口、流出人口、
　・幼稚園、小学校、中学校、 高校、専門学校、大学、
　・公共施設、病院(種類)、老人ケア施設(特別養護老人ホーム)シルバーマンション、
　・企業事務所数 （大企業、中小企業、個人経営）、労働者数 （労働人口）、産業特性、
　　地場産業、
　・交通機関 （鉄道、バス、タクシー、電車、航空、船）
　・娯楽施設、観光イベント施設、文化施設、金融機関、災害状況、犯罪、事件状況、
　・寺院 （他宗派含）の数、規模、廃寺数、檀家数、信者数、墓石数 （増減傾向）

＊以上の傾向 （年度別傾向） 分析によるセイフティネット調査、項目、テーマ別
課題発見、原因分析と今後の予測を明確にし解決策と計画する。
(少子化地域、老齢化地域、過疎化地域、犯罪化地域、福祉地域、経済発展地域)
地域行政機関、商工会議所、教育委員会、ハローワーク、結婚相談所 etc で資料及び質問査

＊又、最も効果的なセイフティネット戦略を考えるに当たっても現在の檀家さんや信徒さんにアンケート調査、又はヒアリング調査にて寺院に対する不満、不信、クレーム、そして希望する事、期待する事を具体的に分析、明確にし、そしてさらに必要なのは檀家さんや信徒さんに対する SNS, インターネット、イベント、セミナーなどの形として数多くの持つことと言えます。その原因と対策方法を実行レベルで評価し計画化する事です。そして、地域セイフティネット戦略を企画計画するために総合的規範としての寺院理念を構築する事です。すなわち我が寺院は誰のため、何のために何をするか、目指すかを寺院の存在価値を理念としてまとめ創造していくことです。

（２）寺院基本経営管理 (詳細はIV章)

　それぞれの寺院が期待されるセイフティネットテーマが明確になったら次に大切なのは
①寺院組織管理
②寺院会計管理
③寺院税務管理
　の PDCA を計画し、実行し、チェックし、調整し、チャレンジを続けることです。

（３）僧侶キャリアデザイン (詳細はV章)

　最後に（１）地域セイフティネット戦略、（２）寺院基本経営管理、を責任持って遂行するのは住職です。住職の考え、価値観、感性、教養、人格、能力、コミュニケーション力など住職の人間力を通してすべて実行され、結果を生み出します。何をするにしても誰が行うかによって結果は 180 度も違うものになる可能性があります。住民のためのセイフティネットとしての寺院の役割を行うのは住職次第という事です。どんな立派な歴史ある寺といっても誰が運営するかです。すばらしい寺院として再生できるかどうかは住職の人間力の向上、すなわち住職が目指す自らの僧侶としてのキャリアデザイン次第です。僧侶としてのキャリアデザインの設計イメージは次の図のステップになります。

　又、特に僧侶キャリアデザイン実現に向けて重要になるのは、僧侶として必要されるホスピタリティ（思いやりのある）コミュニケーションスキルと 21 世紀ストレス社会で苦しみ悩む人々に対するストレスケアの指導アドバイススキルです。
　この２大僧侶スキルを学び、理解し、そして修得してこそ人々に影響力を与え信頼される僧侶に向かうことが出来るといえます。

（１）地域セイフティネット戦略の計画実行
（２）寺院基本経営管理の計画実行
（３）僧侶キャリアデザインの計画実行
　の３つがバランスよく実行されることが寺院の役割であるセイフティネットの実現に向けて必要であり、又、寺院の再生復活に進む事になります。

僧侶としてのキャリアデザインの設計イメージ図

僧侶としての夢・ビジョン

僧侶としての実績（経験）の基盤

僧侶としての能力の基盤

僧侶としての意識の基盤

僧侶成長エネルギー

【Ⅳ】
寺院基本経営管理

（1）寺経組織管理重要ポイント

①宗教法人メリット

　同じ宗教に帰依する人々が集まって教養を布教し、儀式行事を行い、信者を教化育成することを主な目的とした、宗教法人には次の4つのメリットがあります。

　1. 信用メリット・・・公益法人はより信用が高まり、本堂等の建築などの契約、
　その他の法律的取引が容易に行うことが可能になります。

　2. 永続性メリット・・・法人ならば相続税なく次世代に受け継いでいくべき財産
　の保全で有利であり、長期の経営が出来、永続性が期待できます。

　3. 税法上のメリット・・・「宗教活動収入」は法人税など非課税扱いです。境内地やその上の建物を本来の活動（宗教活動）に使用している限りは所有する不動産に課税される「固定資産税・都市計画税」などは非課税です。

　公益事業の霊園事業や、保育所、幼稚園など非課税扱いです。

　又、収益事業を行った場合でも「みなし寄附金制度」などが適用され、法人税が軽減されます。

　4. 法律上のメリット・・・宗法83条により、宗教法人の所有に係るその礼拝の用に供する建物およびその敷地で、宗法66条～70条の定めるところにより礼拝の用に供する建物およびその敷地である旨の登記をしたものであれば、差押えをされることはありません。

　又、宗教法人の所轄庁は、一般的に文部科学大臣あるいは都道府県知事が、それぞれの宗教法人に関する行政事務を分担管理しています。

②宗教法人設立の手結

1. 宗教団体の要件
　宗教団体の要件として、以下のすべてを満たす必要があります。

1. 教義を広める・・・教義があることが宗教の前提で、それを人々に広める活動を行っている。
2. 儀式行事を行う・・・儀式行事が日常的に行われていること。
3. 信者の教化育成・・・信者・檀家を日頃から教化育成している。
4. 礼拝の施設保有・・・公開性がある礼拝施設が備わっている。

2. 宗教法人設立の手順

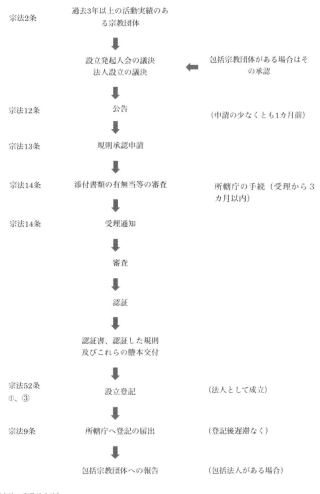

宗法2条	過去3年以上の活動実績のある宗教団体	
	設立発起人会の議決 法人設立の議決	包括宗教団体がある場合はその承認
宗法12条	公告	（申請の少なくとも1カ月前）
宗法13条	規則承認申請	
宗法14条	添付書類の有無当等の審査	所轄庁の手続（受理から3カ月以内）
宗法14条	受理通知	
	審査	
	認証	
	認証書、認証した規則及びこれらの謄本交付	
宗法52条 ①、③	設立登記	（法人として成立）
宗法9条	所轄庁へ登記の届出	（登記後遅滞なく）
	包括宗教団体への報告	（包括法人がある場合）

（宗法：宗教法人法）

③宗教法人規則

宗法法人が法人として守るべき基本原則

■宗教法人規則記載事項

記載事項	記載内容
目的	教義を広め、儀式行事、信者の教化育成を行う
名称	法人の名称
事務所所在地	住所
包括宗教団体の有無	設立しようとする宗教法人を包括する宗教団体があれば、その名称および宗教法人、非宗教法人の別
役員の呼称、任期	代表役員、責任役員、代務者、仮代表役員および仮責任役員の呼称、資格および任免ならびに代表役員についてはその任期および職務権限、代務者についてはその職務権限に関する事項
5以外の機関・役員	5に掲げるもののほか、議決、諮問、監査その他の機関がある場合には、その機関に関する事項
事業について	行う場合、酒類および管理運営に関する事項
基本財産など	基本財産、宝物その他の財産設定、管理および処分、予算、決算および会計その他の財務に関する事項
規則変更に関する事項	規則変更を行う場合の法人内の手順
法人の解散	解散の事由、清算人の選任および残余財産の帰属に関する事項を定めた場合、その事項
公告の方法	公告の方法や掲載日数など
他の宗教団体との関係	5から11までに掲げる事項について、他の宗教団体を制約し、または他の宗教団体によって制約される事項を定めた場合、その事項
その他	前各号に掲げる事項に関連する事項を定めた場合、その事項

注）単位宗教法人には2種類あります。1. 単位首位教法人は、礼拝の施設を備えることが必要ですが、包括宗教法人にはその要件は求められておらず、単位宗教法人を包括することが必要です。また、単位宗教法人は包括宗教法人のない法人、つまりどの宗教法人にも包括されていない宗教法人を指します。

④単位宗教法人および包括宗教団体の実数

宗教団体 系統	単位宗教法人			包括宗教団体		
	被包括法人	単立法人	合計	法人	非法人	合計
神道系	83,310	2,002	85,312	134	26	160
仏教系	74,928	2,612	77,540	165	30	195
キリスト教系	2785	1,561	4,346	68	14	82
諸教	14,690	416	15,106	32	5	37
合計	175,713	6,591	182,304	399	75	474

（出典：文化庁　宗教法人年鑑（平成 20 年版より）

⑤宗教法人法の３大特長

　所轄庁関与を極力排除しつつ、民主的法人運営や財務管理をすることが最も重要であり、宗教法人法の特長は、認証制度、責任役員制度、公告制度の３つになります。

・認証制度

　認証とは、行為または文書の成立・記載が正当な手続きでなされたことを公の機関が証明することです。宗教法人設立時の認証では、設立の申請書などについて、申請者が宗教法人法でいう宗教団体の要件を満たしているか、規則が宗教法人法やその他の法令に適合しているか、宗教団体内での法人設立の手順が法に従っているか、などについて審査を行い認証されます。

・責任役員制度

　責任役員は宗教法人の管理運営機関であり、意思決定機関でもあります。宗教法人には３人以上の責任役員を置き、そのうちの１人が代表役員となります。一般的に、寺院であれば住職を、神社であれば宮司を代表役員に充てることが多く、これを「充て職」といい、責任役員制度は、宗教法人組織運営の中心的な機関であり、最高議決機関です。

・公告制度（財産の処分の公告は宗法23条）

　宗教法人の保有する財産は、檀信徒の浄財により支えられている場合が多く、その財産の保全・管理は重要なことです。この公告制度は、財産処分や法人運営を民主的に行うために、檀信徒など利害関係人に対し、その目的や内容などについて、公告を行い、周知させたうえで信任を促す制度です。

公告を行わなければならない財産処分例

財産処分の種類	財産処分の内容
不動産の処分	土地、建物、立竹木についての譲渡（売却等）、交換、賃貸借（長期）地上権、地役権の設定
宝物の処分	歴史上、信仰上、重要な価値を有する財産処分
担保の提供	不動産、宝物についての抵当権や質権設定、担保提供
借入れまたは保証	銀行等からの借入れや宗債の発行、第三者の債務に対して保証人になること
主要な境内建物の新築等	新築、改築、増築、移築、除却、著しい模様替え
境内の著しい模様替え	境内地の著しい模様替え
主要な境内建物または境内内地の用途変更等	例：境内地から墓地への地目変更など

　上記の行為を行う場合

```
（規定に定める手続）
　責任役員会の議決
　総代会の同意（＊1）
　包括宗教団体の承認（＊2）
```

　　　　　　　　　　　＊1 必要な場合
　　　　　　　　　　　＊2 包括宗教団体がある場合

【　公　　告　】

⑥宗教法人組織の重要ポイント

1. 責任役員会・・・事務の決定についての議決は、持ち回りによる裁決ではなく、合議で行うべき。
家族で責任役員を独占する、ということでは民主的な法人運営に疑問符が付く。

2. 責任役員の適任者・・・必ず檀信徒である必要はなく、法人管理運営に適した人が適任者と思われる。

3. 総代の適任者・・・信徒の総代である以上、檀信徒であることが前提であり、人望も厚く、住職・宮司などを補助し、補佐してくれる人が適任。

4. 責任役員会の招集権者・・・代表役員が事務の総理権の行使の1つとして行うのが適切。

⑦責任役員の職務権限の内容

1. 次年度予算の編成
2. 前年度決算の承認（財産目録、収支計算書および賃借対照表）
3. 年度末繰越金（剰余金）の処置
4. 特別財産および基本財産の設定および変更
5. 不動産および重要な動産に係る取得、処分などの重要な行為
6. 借入れまたは保証および担保の提供
7. 主要な境内建物の新築、増築、改築、移築、模様替えなど
8. 境内地の著しい模様替えおよび用途変更
9 境内建物および境内地の用途変更
10. 宗教法人規則の変更ならびに細則の制定および改廃
11. 他の宗教法人との合併
12. 解散および残余財産の処分
13. 事業を行う場合には、その管理運営および収益金の処分など
14. その他法人の事務のうち、重要な事項

⑧代表役員の選任

代表役員は3人以上いる責任役員から1人を選びます。選任方法で一般的に多いケースは、一定の宗教上の地位にある者です。

代表役員の職務権限

1. 規則の変更、合併、任意解散の所轄庁へ認証申請
2. 財産処分などおよびその公告
3. 公益事業その他の事業の実施
4. 財産目録などの作成およびその備付け
5. 各種法人登記の申請
6. 登記事項を所轄庁へ届出
7. 清算人への就任
8. 破産宣告の申請

⑨代表役員・責任役員以外の宗教法人の「その他の機関」

1. 総代・総代会・・・総代はその宗教法人の信徒を代表する立場であり、かつ宗教者によき補助者、
   助言役となるべき立場であり、日常的には責任役員よりも多く活動している。
   資格は檀信徒であること。

2. 護持会・・・宗教法人の維持運営、伝道活動その他さまざまな活動の母体をなる組織であり、宗教法人の行事をはじめ、法人の基本的な維持管理全般をサポートしているケースが多い。

3. 檀信徒総会・・・信徒の1人1人が、この総会を通じて意見を出してもらい、法人運営に間接的に参画してもらうことになる。法人によっては、この総会の同意を経てから、責任役員会に諮る場合ばある。

4. 世話人・世話人会・・・宗教法人には年間を通して、実にさまざまな行事がある。これの万全を期すため、代表役員だけでは到底無理なことが多く、地区別とか、

一定の区分けをして複数の世話人を置き、宗教活動実施の協力者になっている
ケースが多い。

⑩代表役員代務者と仮代表役員との違い

項目	代表役員代務者	仮代表役員
設置原因	代表役員の死亡、長期の病気等により、すみやかに後任を選ぶことができない場合	法人と代表役員との利益相反行為が発生したとき
地位	代表役員のすべての代理権あり	代表役員の代理はない
任期	代務者設置事由が止む時までの一定期間継続した	一時的かつ臨時的な期間のみ
任期の終了	発生事由が止んだとき終了	利益相反行為が終わったとき終了
法人との関係	民法の委任関係	民法の委任関係
職務権限	代表役員の権限のすべてを一時的に代行	利益相反行為に限ってのみ、その職に任ずる
法人の代表権	代表役員の職務のすべてについて法人に関して代表権あり	利益相反行為に関する事務以外についての代表権はない
代表役員の	不在。または業務を遂行できない状態である	在任中であるが、利益相反行為が発生し、それに関する事務処理が終了したときに、復活する立場である

⑪責任役員と総代の位置づけ

　責任役員は宗教法人法上で規定されている意思決定機関です。総代は住職や宮司
などの補助者という地位であり、宗教法人運営のための諮問・同意機関として位置づ
けで、檀信徒の中から選ばれます。責任役員は必ずしも檀信徒である必要はなく、法
人運営に適してた者であればよいものとされています。

　総代（会）の決議事項
　1. 次年度予算の編成
　2. 前年度決算の承認（財産目録、収支計算書および賃借対照表）
　3. 年度末繰越金（剰余金）の処置
　4. 特別財産および基本財産の設定および変更

5. 不動産および重要な動産に係る取得、処分などの重要な行為

6. 借入れまたは保証および担保の提供

7. 主要な境内建物の新築、増築、改築、移築、模様替えなど

8. 境内地の著しい模様替えおよび用途変更

9. 境内建物および境内地の用途変更

10. 宗教法人規則の変更ならびに細則の制定および改廃

11. 他の宗教法人との合併

12. 解散および残余財産の処分

13. 事業を行う場合には、その管理運営および収益金の処分など

14. その他法人の事務のうち、重要な事項

⑫利益相反行為の意味

利益相反行為とその対応

宗法法人とその法人の代表役員個人間で取引がされることがあります。

たとえば、宗教法人からその代表役員が資金を借り入れる取引は、双方の利益が相反することとなり、このような事項に関して代表役員は代表権を行使することはできず（仮代表役員の選定：宗法 21 Ⅰ）、また、取引実行の可否に関する責任役員会の決議では当該代表役員の議決権はありません。通常、その決議は仮責任役員を選定し決議の公正性を確保して行うことになります。（宗法 21 Ⅱ）宗教法人の利益を守るため、利害がある代表役員との取引に一定の規律と歯止めをかけるための明文規定です。

宗教法人とその代表役員との間で不動産売買をする場合なども、双方の「高く売りたい」、「安く買いたい」ため、この利益相反取引に該当します。財産譲渡における売買価格は第三者価格（市場価格や鑑定評価等）により、客観性を付与することが必要になります。

⑬役員の善管注意義務

民法第 400 条では善良なる管理者の注意義務の規定があり、この注意義務を欠いた場合は程度に応じて「軽過失」（注意義務を多少欠いた場合）、「重過失」（注意義務を著しく欠いた場合）などに分類されます。

善管注意義務

(責任役員の職務権限：善管注意義務のポイント)

1. 次年度予算の編成

2. 前年度決算の承認（財産目録、収支計算書および賃借対照表）

3. 年度末繰越金（剰余金）の処置

4. 特別財産および基本財産の設定および変更

5. 不動産および重要な動産に係る取得、処分などの重要な行為

6. 借入れまたは保証および担保の提供

7. 主要な境内建物の新築、増築、改築、移築、模様替えなど

8. 境内地の著しい模様替えおよび用途変更

9. 境内建物および境内地の用途変更

10. 宗教法人規則の変更ならびに細則の制定および改廃

11. 他の宗教法人との合併

12. 解散および残余財産の処分

13. 事業を行う場合には、その管理運営および収益金の処分など

14. その他法人の事務のうち、重要な事項

⑭宗教法人の組織運営の重要性

組織や計数管理体制構築

　総代会、責任役員会などの経営体制を構築し、宗教活動（事業）や収益事業等における収益や費用の区分経理や計画・予算・実績を編成・集計する体制を整備し、また、宗教活動（事業）部門や収益事業部門、管理部門を整備し、職務権限や分掌を決定しておくことが重要です。

　1. 組織や計数管理体制構築（宗教法人の経営体制を構築）

　2. 財産管理（宗教法人の財産との認識、信者等との信頼関係のため財産管理の重要性）
　・特別財産、基本財産、普通財産の管理体制（管理者、管理簿等）
　・境内地・境内建物等の新築・改修等の手続、不動産処分の手続
　・財産目録作成・備付け、所轄庁への提出

3. 資産運用管理（宗教法人には監督官から資金運用に係る指導等はなく自由、自主的な規制・運用管理が必要）
・公益法人（社団・財団法人）の運用管理の指針を参考に基本財産、運用財産を運用
・基本財産：基礎的財産で厳格に財産減少を防止、運用財産：元本確保可能性確保でなるべく高い運用利回り確保（債券等）
・資産運用管理責任者を決定し、責任を明確化し、当該規程を整備

4. 信者への説明義務（信頼関係維持のための重要）
・予算、決算、財産等に関する事項について信者への説明（総代会、公告制度等）
・信者等利害関係人への備付け書類閲覧請求の対応

5. 税務対策検討
・収益事業の課税、消費税課税、給与等の源泉所得税、資産譲渡等による課税など宗教法人を取り巻く税務環境を考慮し、法人が行う取引実行前に税務対策等の検討と行い、意思決定することが重要
・計数管理等において税務面の検討も

⑮宗教法人の内部統制やガバナンスの重要性

　内部統制とは、会社などの組織内部において、違法行為や不正、ミス、エラーなどを防止し、組織が健全で、有効かつ効率的な業務が実施されているかの判断や基準、手続を定め、それに従って行う管理、監視、牽制などのチェック体制のことをいいます。
　内部統制制度の目的は財務報告の適正性を確保、業務の効率化、法令順守の徹底、資産保全などがあります。

1. 全体的な内部統制のポイント
・統制環境、リスクの評価と対応、統制活動、情報と伝達、モニタリング、IT への対応⇒責任役員の統制意識の向上、経営方針、戦略の策定・伝達、責任役員の不正リスクの認識・評価・統制、職務権限の明確化、責任役員の日常モニタリング、責任役員の IT 意識向上・統制
2. 業務プロセス（宗教活動（事業）、収益事業、管理等）のポイント

・職務権限規程、業務フロー、業務記述書等の整備・運用⇒組織構築、職務権限明確化、業務フロー等の記述

⑯責任役員会の議事録作成義務

　責任役員会の議事録を作成するものと宗教法人規則では通常、責任役員会の規定の中で議事録作成に関する記述を行うことが大切です。責任役員会で通常決議される事項は右に示しましたが、その決議等の内容を記載し、決議に参加した責任役員全員の署名・押印をすることが望ましいものと考えられます。

　責任役員会の議事録の記載事項として以下の項目があります。

・開催日時、開催場所、出席者（定足数：通常は責任役員の過半）、議題、議事の経過（責任役員等の意見、質問、見解等）、議決事項、宗教法人名、代表役員・責任役員名（署名・押印）

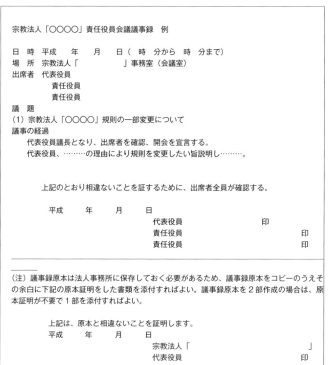

宗教法人「〇〇〇〇」責任役員会議事録　例

日　時　平成　　年　　月　　日（　時　分から　時　分まで）
場　所　宗教法人「　　　　　　」事務室（会議室）
出席者　代表役員
　　　　　責任役員
　　　　　責任役員
議　題
（1）宗教法人「〇〇〇〇」規則の一部変更について
議事の経過
　　　代表役員議長となり、出席者を確認、開会を宣言する。
　　　代表役員、………の理由により規則を変更したい旨説明し………。

　　　上記のとおり相違ないことを証するために、出席者全員が確認する。

　　　平成　　年　　月　　日
　　　　　　　　　代表役員　　　　　　　　　　　　印
　　　　　　　　　責任役員　　　　　　　　　　　　　　印
　　　　　　　　　責任役員　　　　　　　　　　　　　　印

―――――
（注）議事録原本は法人事務所に保存しておく必要があるため、議事録原本をコピーのうえその余白に下記の原本証明をした書類を添付すればよい。議事録原本を2部作成の場合は、原本証明が不要で1部を添付すればよい。

　　　上記は、原本と相違ないことを証明します。
　　　平成　　年　　月　　日
　　　　　　　　　宗教法人「　　　　　　　　　　」
　　　　　　　　　代表役員　　　　　　　　　　　　印

（注）総代会の議事録は上記に準じて作成することになります。

⑰総代会の議事録作成義務

　総代会の規定は宗教法人法にはありません。しかし、通常の宗教法人では、その規定において総代会の規定を置いており、その中で議事録作成の記述を行っています。

　総代会で通常決議等される事項は、総代会で協議や決議された事項は宗教法人にとって、重要事項になることが多いことから、正確に記録を残しておく必要があるものと考えます。

　総代会の議事録の記載事項として以下の項目があります。

　・開催日時、開催場所、出席者、議題、議事の経過（各総代等の意見、質問、見解等）、議決事項、宗教法人名、総代名（署名・押印）

⑱宗教法人で標準的な事務所備付け書類および帳簿

　規定関係

　・規則の施行細則、被包括法人にあっては包括団体の規則、教規、規定類

　名簿関係

　・信者名簿

　法人登記関係

　・法人登記簿謄本（登記変更書類含む）

　事務関係

　・役員の就任受諾書・任命書・身分証明書、被包括法人にあっては包括団体の承認書、受信文書類等

　経理関係

　・収支予算書、会計帳簿（収入・支出管理簿、入金・出金伝票、月別科目収支集計表、現金・預金出納簿等）、物品出納簿、証憑書類等

　財産関係

　・財産台帳（宝物・什物、土地・建物、有価証券、預金、什器備品、車両、図書、貸付金等）、不動産の権利関係書類、財産関係の契約書、証憑書類等

事務処理簿

1. 責任役員会等の諸会議その他の日常事務
2. 包括宗教団体、所轄庁その他の行政官庁等との対外関係事務に関する事務処理経過を簡潔に記載する庶務日誌
3. その他事務処理に係る帳簿

事務所に備え付ける書類と所轄庁への提出書類

事務所に備え付けるべき書類	所轄庁へ提出すべき書類
規則および認証書	
役員名簿	○
財産目録	○
収支計算書	
次のうちいずれかに該当する法人	
①収益事業を行っている法人	○
②年間収益が 8,000 万円超の法人	
③収支計算書を作成している法人	
貸借対照表（作成している場合のみ）	○
境内建物に関する書類 （財産目録に記載されていない境内建物がある場合のみ）	○
責任役員会等の議事録	
事務処理簿	
事業に関する書類（公益事業や収益事業を行っている場合のみ）	○

（注）宗法 88 Ⅰ④では規定に違反して役員名簿や財産目録等の作成、備付けを怠ったときは、法人代表者は 10 万円以下の過料に処することとされています。また不実の記載を行ったときも同様です。

⑲宗教法人の利害関係人とは

利害関係人の範囲

利害関係人
・宗教法人の信者（檀信徒、教会の信徒等） ・宗教法人の取引関係にある債権者・保証人等 ・宗教法人の行為により損害を被った者等 など

利害関係人の閲覧請求

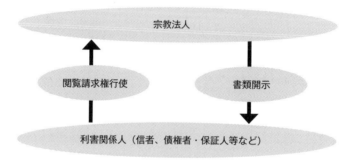

閲覧請求対象書類（備付け書類）
規則および認証書
役員名簿
財産目録
収支計算書 次のうちいずれかに該当する法人 ①収益事業を行っている法人 ②年間収益が 8,000 万円超の法人 ③収支計算書を作成している法人
貸借対照表（作成している場合のみ）
境内建物に関する書類（財産目録に記載されていない境内建物がある場合のみ）
責任役員会等の議事録
事務処理簿
事業に関する書類（公益事業や収益事業を行っている場合のみ）

（注）上記の備付け書類作成に基礎になった帳簿等の閲覧はされないものと解されている。

(2) 宗教法人の経営（会計）管理

　平成 7 年の宗教法人法の改正によって、毎年の財産目録・収支計算書の作成および備付け、所轄庁への提出が義務付けられることになり（宗法 25 Ⅰ、25 Ⅳ）、さらに、信者等の利害関係人に財産目録・収支計算書等の閲覧請求権が認められるようになりました（宗法 25 Ⅲ）。これにより、代表役員は、会計によって法人の財産の状態と業務執行の状況を明らかにし、その責任を果たしたこと明らかにしなければなりません。

宗教法人の会計管理の重要ポイント

①会計年度

　会計年度は、「1 月 1 日〜 12 月 31（暦年制）」か「4 月 1 日〜 3 月 31 日」（年度制）の 1 年間とするのが一般的です。

宗教法人の事業と会計区分

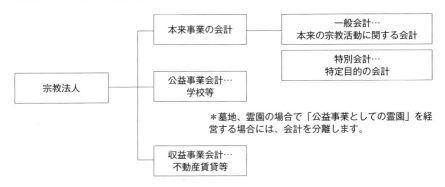

宗教法人
- 本来事業の会計
  - 一般会計…本来の宗教活動に関する会計
  - 特別会計…特定目的の会計
- 公益事業会計…学校等
- 収益事業会計…不動産賃貸等

＊墓地、霊園の場合で「公益事業としての霊園」を経営する場合には、会計を分離します。

②宗教法人が作成すべき決算書

　宗教法人は、毎会計年度終了 3 ヵ月以内に財産目録および収支計算書を作成しなければなりません。（宗法 25 Ⅰ）また、財産目録および収支計算書、貸借対照表（作成している場合のみ）を事務所に備え置き、毎会計年度終了後 4 カ月以内に写しを所轄庁に提出することが求められます。（宗法 25 Ⅱ④、25 Ⅳ）

宗教法人の決算書

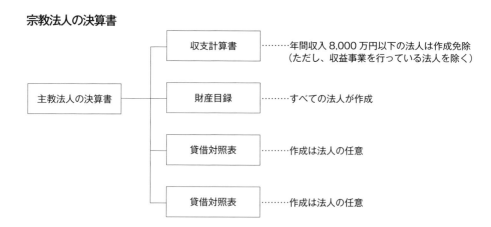

③決算書の提出義務内容（文化庁ホームページより一部抜粋）

類　　型	財産目録	収支計算書	貸借対照表
（1）収益事業は行っておらず、年収 8,000 万円以内である。なお、収支計算書貸借対照表は作成していない			
（2）事業は行っておらず、年収が 8,000 万円以内である。収支計算書は作成しているが、貸借対照表は作成していない	○		
（3）年収は 8,000 万円以内であるが、収益事業を行っている。貸借対照表は作成している	○	○	○
（4）事業は行っていないが、年収は 8,000 万円を超える。貸借対照表も作成している	○	○	○
（5）収益事業を行っており、貸借対照表も作成している	○	○	○

④収支計算書

　収支計算書とは、会計年度におけるすべての収入、支出の実績を勘定科目ごとに分類整理した明細表です。収支の予算額と決算額を対比させ表示することにより、宗教法人の活動実績を収支の面から捉え、予算の執行状況を明らかにする書類です。

収支計算書
自平成　年　月　日
至平成　年　月　日

（収入の部）

科目	予算額	決算額	差異	備考
宗教活動収入				
資産管理収入				
雑収入				
繰入金収入				
貸付金回収収入				
借入金収入				
特定（特別）預金取崩収入				
預り金収入				
当年度収入合計（A）				
前年度繰越収支差額				
収入合計（B）				

（支出の部）

科目	予算額	決算額	差異	備考
宗教活動支出				
人件費支出				
繰入金支出				
資産取得支出				
貸付金支出				
借入金返済支出				
特定（特別）預金支出				
預り金支出				
予備軍				
当年度支出合計（C）				
次年度繰越収支差額（B）－（C）				
当年度収支差額（A）－（C）				

（注）差異は、予算額から決算額を差し引いたものとする。差異がマイナスの場合には、金額の前に△をつける。

45

収支計算書の勘定科目例

（収入の部）

宗教活動収入 資産管理収入 雑収入 繰入金収入 貸付金回収収入 借入金収入 特定（特別）預金取崩収入 預り金収入	宗教活動収入 会費収入 寄附金収入 補助金収入 資産運用収入 資産売却収入 基本財産預金取崩 〇〇積立預金取崩	宗教法人本来の活動による収入 布施収入、献金収入、御共収入など 信者から徴収する護持会費等の収入 法人運営のために寄付された寄付金の収入 包括団体からの補助金、助成金 資産の運用・売却等による収入 預金、有価証券から生ずる利子、配当等 上記以外の収入 特別会計（含む収益事業）からの繰入金 貸付先からの返済収入 宗教法人の外部（金融機関等）からの借入金 一定の目的で積立てられた預金の取崩しの収入 源泉所得税、住民税、社会保険料などの預り金 "

（支出の部）

宗教活動支出 人件費支出 繰入金支出 資産取得支出 貸付金支出 借入金返済支出 特定（特別）預金支出 預り金支出 予備費	宗教活動費 管理費（維持費） 給与手当 福利厚生費 退職金 〇〇特別会計繰入金 〇〇財産取得支出 借入金返済支出 支払利息支出 基本財産預金繰入 〇〇積立金支出	宗教法人本来の活動に要する費用 宗教活動に直接要する経費 ・儀式行事費　・教化布教費 ・信者接待費　・教師養成費 ・寄附金　・雑費 法人の管理・運営に必要な費用 ・会議費　・事務費　・旅費交通費 ・負担金　・諸会費　・修繕費 ・諸会費　・修繕費 ・火災保険料　・公租公課　・雑費 社会保険料の事業主負担分および慶弔費等 特別会計の資金補填のための支出 資産の取得に要する支出 基本財産（普通財産）たる土地、建物等の取得 借入金の元金部分の返済に係る支出 借入金の利払のための支出 一定目的のための積立預金への支出 源泉所得税、住民税、社会保険料など納付額 他の科目の予算不足に充当するための予備費

⑤宗教法人の貸借対照表

貸借対照表の作成義務

宗教法人法上では、貸借対照表の作成は法人の任意となっており、作成義務はありません。しかし収益事業を行っている場合は、貸借対照表を作成し税務署に提出しなければなりません。宗教法人の規則の中に「貸借対照表を作成する旨」を定めている場合にも、これを作成し所轄官庁に提出義務が生ずることになります。

貸借対照表（B/S）

科　　目	金　　額		
資産の部			
特別財産			
宝　物			
什　物			
特別財産合計			
基本財産			
土地	×××		
建物	×××		
定期預金	×××		
基本財産合計	×××		
普通財産	×××		
土地	×××	×××	×××
建物	×××	×××	×××
特定（特別）預金	×××	×××	×××
現金預金	×××	×××	×××
未収金	×××	×××	×××
貸付金	×××	×××	×××
普通財産合計	×××		
資産合計	×××		
負債の部	×××		
長期借入金	×××		
短期借入金	×××		
未払金			
預り金			
負債合計			
正味財産の部			
正味財産			
負債及び正味財産合計			

貸借対照表の勘定科目

・資産、負債、正味財産

　資産・・・一般的には「財産」（金銭や金銭的に価値のある未収金や有価証券、土地、建物等）と「資産」は同義語であり、貸借対照表の資産の内訳明細は財産目録に記載されているということができます。

　しかし、会計上の資産には、①支払はしたものの、支出項目としては次年度に対応するものであるために一時的に資産とするもの（前払金）、②支払はしたが、帰属すべき勘定科目あるいは最終的な金額が未確定のもの(仮払金)、③一時的な立替金（立替金）、などが含まれます。

　負債・・・負債には支払義務が法律上確定している借入金、未払金等の債務のほか、①入金はあったものの、まだ物の引き渡しや役務の提供を行っていないもの（前受金）、②後日の支払が必要な一時的な入金（預り金）、③入金はあったが、会計処理の内容が不明で未処理となっているもの（仮受金）が含まれます。

　正味財産・・・資金の総額から負債の総額を引いたものをいいます。正味財産は純資産は純資産とも呼ばれますが、総資産に対する正味財産の額が大きいほど、法人の財務基盤は安定していることになります。

・流動・固定区分

　普通財産のうち、現金あるいは短期間のうちに現金として回収できる資産を流動資産とし、それ以外の資産を固定資産とします。特別財産と基本財産は長期保有目的ですので、すべての固定資産となります。また、比較的短期間に支払われる負債を流動負債、それ以外を固定負債として分類します。これらの判断基準は、一般的には1年基準が使用されます。

・勘定科目

　貸借対照表の一般的な勘定科目およびその内容は右図に記載のようになります。

貸借対表目

資産科目

特別財産	宝　物 什　物	宗教法人に必要な固有の財産として法人が設定したも のご本尊、神像など宗教法人の信仰上かけがえのない を
基本財産	土　地 建　物 有価証券 預　金 減価償却引当貯金	収容活動を行うために必要な財政的基礎となる財産 境内地として法人が所有している土地 境内建物として法人が所有している建物 基本財産たる公社債や貸付信託などの有価証券 法人が基本財産として永続的に保有する預金 基本財産たる建物等について減価償却を行った場合、 減価償却部分 を留保するため設定する預金。 減価償却を行うかどうかは法人の任意

流動資産

| 普通財産
固定資産

流動資産 | 土　地
建　物
　　境内建物
　　建　物
什器備品
建設仮勘定
長期貸付金
○○引当積立預金

現　金
預　金
未収金
短期貸付金
立替金
仮払金 | 宗教法人の通常の活動に要する支出に充当すべき財産

１個または１組の取得価額が一定額以上のものをいう
固定資産取得のために支出した前渡金等をいう
貸付金のうち弁済期限の到来が会計年度末日の翌日か
ら１年を超えたもの
特定の目的のために引当てた預金

取引により発生した未収債権
弁済期限の到来が会計年度末日の翌日より１年以内の
もの
職員等に対する一時的に立替払いした金額
勘定科目が未確定の支出を処理するもの。経費の未精
算額等 |

負債科目

固定負債	長期借入金	金融機関その他からの借入金で、弁済期限が会計期末 日の翌日から１年を超えて到来するもの
流動負債	未払金 短期借入金 預り金 仮受金	取引により発生した未払いの債務 金融機関その他からの借入金で、会計年度末日の翌日 から１年以内に支払期限の到来するもの 給与の源泉所得税、社会保険料本人負担分などの一時 的な預り金 勘定科目未確定の入金を処理するもの。仮受けの未精 算額等

正味財産科目

正味財産	正味財産	資産から負債を引いた額をいう

財産目録とは

財産目録の作成

財産目録は、会計年度末における宗教法人の保有するすべての資産（土地、建物、現金、預金等）とすべての負債（借入金等）について、名称、数量、価額などを詳細に表示した一覧表で、資産から負債を控除した正味財産を表示することにより、法人の財産の状況を明らかにする決算書類です。

財産目録の4つ区分

財産目録は大きく分けて、特別財産、基本財産、普通財産、負債の4つの区分に分類されます。財産の管理区分は宗教法人の規則記載事項とされていますので、具体的な取扱いは個々の法人の規則に従う必要があります。

1. 特別財産・・・ご本尊や神像等その法人にとってかけがえのない宝物と儀式・行事等に使用する重要な道具等の什物について設定します。
2. 基本財産・・・境内地や境内建物など宗教活動を行っていくうえで重要な財政的基礎となるもので、一般的には処分の対象としないような財産です。
3. 普通財産・・・法人の通常の宗教活動に要する費用に充当すべき財産で、特別財産、基本財産以外の資産をいいます。土地、建物、有価証券、預金などは「宗教活動に欠かせないもので、保全すべきもの」かどうかなど、法人の判断で基本財産と普通財産に区分します。

   財産目録の様式例は下図の記載のようになります。
4. 負債

   負債には支払義務が法律上確定している借入金、未払金等の債務のほか、①入金はあったものの、まだ物の引渡しや役務の提供を行っていないもの（前受金）、②後日の支払が必要な一時期な入金（預り金）、③入金はあったが、会計処理の内容が不明で未処理となっているもの（仮受金）が含まれます。

財産目録の様式例（文化庁方式）

財　産　目　録

（平成　　年　　月　　日）

＊備考兼の所在地は登記簿上の住所・地番を記入する。

区分・種別	数　量	金　額	備　考
（資産の部			
宝物 （1）○○○像 什物	（1）○○○○		○体
特別財産計			
土地 （1）境内地　○筆 建物 （1）境内建物 ＊①□□□外○棟 ＊②□□□外○棟 （2）その他の建物 ○○○　外○棟 有価証券 （1）国債 （2）○○電力債 預金 （1）定期預金			
基本財産計			
土地 　　（1）○○町宅地　○筆 　　建物 　　（1）境内建物 　　＊①□□□　外○棟 　　＊②□□□　外○棟 　　（2）その他の建物 　　　　○○○　外○棟 　　什器備品 　　（1）○○外 　　車両 　　（1）乗用自動車 　　図書 　　（1）○○外 　　有価証券 　　（1）○○株式 　　積立預金 　　（1）○○積立預金 　　預金 　　（1）普通預金 　　現金 　　貸付金			所在地、用途（例：礼拝用） 所在地、用途（例：修行用）
普通財産計			○○○，○○○
資産合計（A）			
（負債の部）			
借入金 　　（1）○○借入金 　　（○○銀行） 　　預り金 　　（1）源泉所得税 　　（2）住民税			
負債合計（B）			
正味財産合計（C）＝（A）-（B）			

正味財産増減計算書

・正味財産増減計算書の役割

正味財産増減計算書は、正味財産がどのように増加または減少したかを示し、あわせて期末現在の正味財産の額を表示する計算書類です。法人が貸借対照表を作成している場合、その正味財産の前年度からの増減額と当年度の収支差額は必ずしも一致しません。

正味財産増減計算書形式（例）

正味財産増減計算書
自平成　　年　　月　　日
至平成　　年　　月　　日

科　目		金　額	
増加の部			
資産増加額			
当年度収支差額			
特別財産増加額			
基本財産増加額	×××		
普通財産増加額	×××		
建物取得額	×××		
・・・・・・			×××
負債減少額	×××		
借入金返済額	×××	×××	
・・・・・・			
増加額合計	×××		
減少の部	×××	×××	
資産減少額			
当年度収支差額			
（マイナスの場合）			
	×××		
基本財産減少額			
普通財産減少額	×××		×××
貸付金回収額			×××
・・・・・	×××		×××
負債増加額	×××	×××	
借入金増加額			
・・・・・	×××		
減少額合計	×××	×××	
当年度正味財産増加額（又は減少額）			
前年度繰越正味財産額			
当年度末正味財産額			

正味財産増減計算書
自平成　　年　　月　　日
至平成　　年　　月　　日

科　目		金　額	
増加原因の部			
宗教活動収入			
・・・・・・・			
資産管理収入	××× ×××	×××	
・・・・・・・			
・・・・・・・			
雑収入	××× ×××	×××	
・・・・・・・			
固定資産受贈額		×××	
・・・・・・・		×××	
・・・・・・・			
合　計		×××	×××
減少原因の部			
宗教活動支出			
・・・・・・・			
人件費	××× ×××	×××	××× ×××
・・・・・・・			
減価償却額	××× ×××	×××	××× ×××
・・・・・・・		×××	
・・・・・・・			
合　計		×××	
当年度正味財産増加額（又は減少額）			
前年度繰越正味財産額			
当年度末正味財産額			

⑥中長期事業計画のポイント

・中長期事業計画

　宗教法人が長期にわたって財政基盤を確立していくための中核的な手段が、中長期事業計画です。中長期事業計画は３〜５年間にわたる経営戦略を数値化したものです。中長期事業計画の策定プロセスは以下のとおりです。

1. 将来のビジョンを明確にする

　宗教法人にとっての将来ビジョンとは、寺院理念をベースに教養をどのような手法でどのような人々に広めていくのか、また信者や檀家等をどのように教化育成していくのかという「寺院のモデル」や「法人の存在意義」を明確にする事が最も重要です。

2. 現状を分析する

　過去の業績、財産といった項目について分析を行って、寺院の経営環境を現状分析し、今後の寺院にとって何が大切で何をすべきか、具体的に分析を行っていく必要があります。

3. 中長期事業計画（将来３年〜５年）の策定

　将来ビジョンを実現させるために、寺院の強みをどのように伸ばすのか、また弱みをどのように克服するのかといったSWOT分析等を利用して、「経営戦略」を作成し、中長期事業計画を策定します。

4. 単年度予算の策定と統制を行う中期予算策定

　中長期事業計画にそった、より詳細な単年度予算、またそれを月別に展開したものを策定して、統制することで、中長期事業計画を達成することが可能になります。

⑦収支予算管理のポイント

1. 収支予算とは

　収支予算とは、会計期間（通常は１年間）における活動計画をもとにして、それを数値化して将来の収入と支出を見積り、まとめたものです。宗教法人では設立の際に作成する規則に、予算に関する事項を記載する必要があります（宗法12⑧）が、必ずしも法律によって、毎期、収支予算の策定が義務づけられているわけではありません。ただ、宗教法人の財政基盤は、信者や檀家から寄せられたものであり、宗教法人は、他の非営利法人と同じく、「予算の編成方針を基にしてそれを編成し、これに決議機関の承認を得て、代表・責任役員が予算の執行にあたる」という予算準拠主義

に立っているため、収支予算は、小規模な宗教法人は別にしても、本来はすべての宗教法人が策定すべきものです。

さらに、安定した財政基盤を確立していくためには、中長期事業計画に示される中長期の目標とともに、それに達成するために単年度予算達成に向けて経営する必要があります。

2. 収支予算の機能

収支予算は収入予算と支出予算からなります。このうち収入予算は宗教法人の性格から、必達の金額というより、将来の収入の見積りともいうべきものです。一方で支出予算は、予算の執行にあたる代表・責任役員の活動範囲を示すものであり、原則として支出予算の枠内で支出を行う必要があります。収支予算には収支の計画策定を行う中で、特に支出についてはそれを調整するといった機能があります。

つまり、会計年度における収入および支出の実績である収支計算書と比較して、予算を実績に近づけるように、実績をコントロールする事が重要です。

収支予算書（自平成　　年　　月　　日　　至平成　　年　　月　　日）

科　目	予算額 (a)	決算額 (b)	差異 (c)=(a)-(b)	増減率 (d)=(c)／(a)	原因分析
経常収支の部					
経常収入					
宗教活動収入					
資産管理収入					
繰入金収入					
・・・・・・・					
収入合計					
経常支出					
宗教活動支出					
人件費					
・・・・・・・					
支出合計					
経常収支差額（A）					
経常外収支の部					
経常外収入					
借入金収入					
・・・・・・・					
経常外支出					
資産取得支出					
・・・・・・・					
経常外収支差額（B）					
当年度収支差額					
（A）＋（B）					
前年度繰越収支差額					
次年度繰越収支差額					

⑧宗教法人の会計の流れ

宗教法人にとっての決算の意味

宗教法人は永続的に継続することが前提ですから、どこかで時期を区切って、その財務内容を把握する必要があります。これが「決算」です。宗法法人法では、毎会計期間終了後3ヵ月内に財産目録および収支計算書を作成する義務がありますが（宗法25）、そのためには会計期間ごとに決算を行う必要があります。宗教法人の場合、会計期間は1年間ですから、最低でも「決算」は年に1回は行う必要があります。

月次決算の重要性

一方で法律等に定められていなくても、「決算」を任意に行うこともできます。主に、月単位の「決算」を行うのが一般的です。これが月次決算です。月次決算は先の「決算」とは異なり、法人の経営管理のために任意で行うのです（管理会計）。年に1回しか「決算」を行わない法人では、1年経ってみなければ、予算の進捗率を把握することができないため、法人の実績を予算に近づけようとしても、手の打ちようがありません。従って1カ月といった期間で業績を把握して、適時に実績を予算に近づける努力をしていくことで、予算を達成できる可能が高まります。月次決算は具体的な計画、予算を達成するために、その進捗率を月単位で把握する目的で作成される「予算の管理の方法」であり、「経営の羅針盤」とも呼ばれます。特に収支のバランスを改善するためには有効に機能します。

月次決算のポイント
・迅速に行う

月次決算を作成はしているのだけれど、どうしても2カ月遅れになってしまう。このような法人をよく見かけます。月次決算は経営管理のための道具です。たとえば2カ月遅れでしか月次決算を作成できない法人は、実績を予算に近づけるための方策を2カ月遅れでしか策定できませんし、それを実行することもそれだけ遅れてしまいます。作成する期間は1カ月、早ければ1〜2週間というのが1つ目安です。

・正確性に行う

月次決算は経営における意思決定の判断材料となるのですから、それが誤っていたら大変です。月次決算が誤っていたために、誤った戦略を策定するのであれば、月

次決算はむしろ作成しないほうがよいでしょう。月次決算の正確性は、会計期間終了時の決算のときに、どれだけ修正を必要とするのかによって判断できます。月次決算の積み重ねがそのまま年間の決算になる法人は、月次決算が正確に作成されている法人です。

　ただし月次決算は正確なら正確なほどよいというわけでもありません。先に述べた迅速性と正確性は相反します。より正確に決算を行おうとすれば、どうしても作成のスピードは遅くなります。この迅速性と正確性のバランスが月次決算の重要です。

・整合性が必要

　月次決算は最終的に月次予算と比較されることで、その重要性が増します。このため予算と月次決算は、比較できるように勘定科目などの整合性を持たせる必要があります。

⑨予算統制の重要性とは

～予算統制が法人を変える～
予算統制の必要性

　多くの法人で予算は策定されていますが、それがただ策定されるだけで終わってしまう法人をよく見かけます。予算は、ただ策定するだけではまだ不十分です。せっかく予算を策定しているのであれば、実績（できれば月次決算）と比較して、「予算と実績にどれだけの差があったのか」、「なぜその差が生じたのか」を検討して、「今後その差を縮めるためにはどのような行動をとる必要があるのか」という具体策を編み出し、実績を予算に近づける努力をすべきです。この一連の手続を予算統制と呼びます。予算統制は PDCA（P：Plan（計画策定）、D：Do（実行）、C：Check（検証評価）、A：Action（改善）というサイクルによって進められます。予算はただ策定するだけではなくて、検証・改善という予算統制を行って初めて有効に機能します。

予算統制の手順

　予算統制の具体的手順は以下のとおりです。
　・月次レベルで予算と月次決算を比較して差額を求めます。
　⇒これを行うためには、双方の勘定科目を統一するなどして、簡単に比較できるようにしておくことが必要です。また月次決算を早く作成すると、比較するタイミン

グが早くなり、改善をしやすくなります。

　・予算と実績の乖離が大きいということは、法人の管理が弱いという意味であり、特にその場合は、原因分析を行う必要があります。

　・乖離の大きい科目、内容について今後の改善案を話し合い、具体的な行動に結びつけます。

　⇒予算と実績の差については、ただ会計担当者が認識するのではなくて、法人全体で問題と共有して、改善していくとが重要です。

予算のPDCA

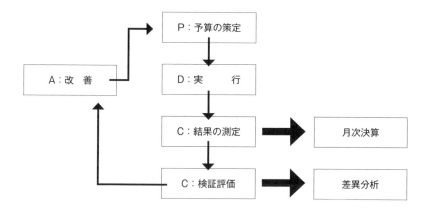

(3) 宗教法人の税務管理

　一般に法人が事業活動を行う場合には、法人そのものが課税対象となり、さまざまな税金が課税されることになりますが、宗教法人については、本来の活動である宗教活動に対しては基本的に非課税とされるなど、一般の事業会社と比較して、税制上の特例措置が設けられています。

①法人税

　宗教法人は、公益法人等として収益事業以外の事業から生じる所得については非課税とされています。また、税率においても、普通法人の税率より低い税率が適用されるなどの特例があります。

②消費税

　宗教法人も事業を行う事業者として、資産の譲渡等を行った場合には消費税の納税義務者となり、基準期間の課税売上高が1,000万円を超えた場合には実際の納税が必要になります。

③住民税、事業税

　法人税と同様、収益事業以外から生じた所得については非課税とされています。

④所得税・源泉所得税

　普通法人においては、利子所得・配当所得の支払を受ける際には所得税が課税されますが、宗教法人については非課税とされています。また、宗教法人が代表役員やその職員等に給与等を支払った場合や顧問税理士等に報酬等を支払った場合には、普通法人と同様に所得税を源泉徴収し納付しなければなりません。

⑤その他

　固定資産税、事業所税、不動産所得税、登録免許税等その他の税金についても非課税等の税制上の特例が設けられています。

各税目ごとの非課税となる範囲

税目	非課税となる範囲
法人税	収益事業以外の事業から生じた所得
法人都道府県民税	収益事業以外の事業から生じた所得
法人事業税	収益事業以外の事業から生じた所得
法人市町村民税	収益事業以外の事業から生じた所得
所得税	受取利子、受取配当金、利益の分配、剰余金の配当
登録免許税	境内地および境内建物の取得登記 校舎および教育用土地の取得登記
関税	税外国からの寄贈された儀式または礼拝の用に直接供するための物品　例）神仏の像、祭壇、祭壇用具、ミサ用または聖さん式用の葡萄酒またはパン、ローソク
印紙税	金銭および有価証券の受取書
不動産取得税 固定資産税	境内地および境内建物 幼稚園用の不動産 博物館用の不動産
都市計画税	固定資産税が非課税となる土地家屋
特別土地保有税	受贈した宗教活動用土地
事業所税	収益事業以外の事業所

⑥公益事業・収益事業

～収益事業の範囲～

■物品の販売

　お守、お札、おみくじ等の頒布のように、その売価と原価との差額が通常の物品販売業における売買利潤ではなく実質は喜捨金と認められる場合には、物品販売業には該当しません。ただし、一般の物品販売業者が販売できる性質を有するもの（たとえば、絵葉書、写真張、暦、線香、ろうそく、供花等）をそれらとおおむね同様の価格で参詣人等に販売している場合には、物品販売業に該当することになります。

■不動産の貸付け

　宗教法人の境内地の一部を月極め等で不特定多数の者に駐車場として提供する場合には、収益事業に該当します。また、墳墓地の貸付けは非課税とされています。

■結婚式場の運営

　神前結婚、仏前結婚等の挙式を行う行為で本来の宗教活動の一部と認められるものは収益事業に該当しませんが、挙式後の披露宴における飲食物の提供、挙式のための衣装その他の物品の貸付け、記念写真の撮影事業は、収益事業に該当することになります。

収益事業の範囲

物品販売業	不動産貸付業	不動産販売業
製造業	金銭貸付業	通信業
物品貸付業	運送業	倉庫業
鉱業	請負業	土石採取業
印刷業	浴場業	出版業
理容業	写真業	美容業
席貸業	興行業	旅館業
遊技所業	料理、飲食店業	遊覧所業
周旋業	医療保険業	代理業
技芸授業業	仲立業	駐車場業
問屋業	信用保証業	労働者派遣業
無体財産権の提供業		

宗教法人の収益事業

収益事業	事業内容	判定
席貸業	宗教法人の境内地、本堂、講堂等の施設を不特定多数の者の娯楽、遊興または慰安の用に供するための席貸し	収益事業
	会議、研修等のための席貸しで地方公共団体の用に供するもの	非課税
旅館業	宿泊施設において、信者や参詣人を宿泊させ、宿泊料を徴収するもの	収益事業
	上記で料金がごく低廉のもの（1泊1,000円以下、1泊食事つき1,500円以下）	非課税
興行業	常設の資料館、宝物館等において所蔵品を観覧させる行為	非課税
技芸教授行	茶道教室、生花教室、書道教室等を開設し、茶道、生花、書道等特定の技芸を教授する事業	収益事業
	卒業資格、段位、級、師範等の一定の資格、称号等に付与する行為	収益事業
―	幼稚園の経営	非課税
物品販売業	幼稚園の保育において使用する教科書その他これに類する教材の販売	非課税
	幼稚園においてノート、筆記用具等の文房具や制服、制服等の販売	非課税
仲立業／周旋業	幼稚園において、外部業者にノート、筆記具等の文房具や制服、制帽等の販売をさせ、手数料やあっせん料等を収入する行為	収益事業
運送業	幼稚園等のスクールバスのように、通学用の送迎のみを目的とする行為	非課税
出版業	書籍、カタログ、名簿等を作って販売	収益事業
	会員に配布する会報の出版	非課税
料理、飲食店業	公共施設内での食堂等の経営	収益事業
	幼稚園の学校給食の運営	非課税
医療保険業	病院、治療院の経営	収益事業

【V】
僧侶キャリアデザインの基本

（1）僧侶キャリアデザイン

　僧侶キャリアデザインとは言葉通り、僧侶としてこれからの生涯を通して、どのような僧侶を目指し何のためのキャリアをつくっていくのか、ということについての設計です。

　僧侶キャリアデザインをイメージする要素は、ピラミッド構造をしています。次の図を見てください。三角形のピラミッドの一番底辺が意識の基盤すなわち「自らのやる気特性」です。これがやる気が土壌となり、ベースとなります。この意識の基盤である「やる気」が次の能力の基盤すなわち「考え・行動特性」を引き上げていきます。そして、その能力の基盤である「考えや行動」が、実績の基盤としての「結果の特性」を導き出します。

　この結果の積み重ねが、夢や目標としての「僧侶キャリアビジョン」に結びついていきます。よく「やる気が行動に出る」といいますが、まさにそれです。モチベーター（＝やる気）があれば、やる気のある行動や考えになります。モチベーターが強ければ強い行動になります。つまり、「前進する行動」になっていきます。又、その逆にやる気がなければ反対にやる気の弱い考え、行動になり、結果も良くなるとは思えません。つまり、やる気である意識の基盤が能力の基盤に影響を与え、結果の基盤を作り上げています。この様に意識の基盤と能力の基盤、そして結果の基盤はリンケージしていくわけです。結局このようなことが積もり積もって、実績がハイパフォーマンスなのかローパフォーマンスなのかを決めてしまいます。

　さらにもう１つの意識である僧侶としての使命感・プライド・主体的責任の３つのコンセプショナルマインドという今までに築き上げられた価値観的な意識がさらに僧侶能力、僧侶実績を支え、高めていきます。

　ですから、実績を上げようとも思えばまずは、この「コンセプショナルマインド基盤」を上げていくことが大切といえます。逆に言えば、より大きな夢をつくり上げるためには、これを支える下層の基盤をより大きく、確実にしなければなりません。上層に下層よりも大きな積み上げをしようとすれば、短期的には持ちこたえられても、やがて崩れ落ちてしまうからです。

　つまり、僧侶意識の基盤が僧侶行動の基盤を作って、僧侶行動の基盤が僧侶実績

の基盤を作るということをしっかりと意識する事が重要です。そのためには、僧侶意識の基盤であればまず、コアモチベーションとしての「やる気の特性」がどのようなことから特性を持つかを考えなければなりません。そしてまた、使命感・プライド・主体的責任などコンセプショナルマインドの特性を高めて行く事が重要です。それができたうえで、次へと進まなければなりません。

　そして、その実績の基盤に基づいて、僧侶キャリアビジョンが具体的に見えてきたら、今度はそれが再び自分のやる気やモチベーションを高めてくれる大きな要素となります。最終的には、さきほどの僧侶キャリアビジョンのピラミッドで頂点である尊敬される僧侶、信頼される僧侶に近づくことが出来、それが意識の向上をもたらしループが回るという好循環が生まれます。

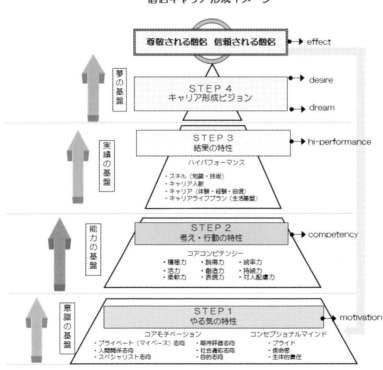

僧侶キャリア形成イメージ

僧侶のキャリアデザインを形成するためには、まず僧侶自身がそれぞれの基盤を客観的に判断してその上で、キャリアビジョンを設計して、その目標を明確にすることが基本です。

①僧侶キャリアデザインのための6つのステップ

1. 僧侶キャリアステップ—1
自己モチベーター（自己の現状意識の基盤）分析

　まず、僧侶キャリア形成ビジョンの土台を作る自己モチベーターを分析していきましょう。

　自己モチベーターとは、どの方向に自分のやる気が向いているかということです。これはあなたの今までの生活の中にも、必ず存在しているものなのです。ただ、それを整理していないがために「そうだ」と自分自身に言い切れないだけなのです。自分自身のモチベーションなどというものに特性はないと思っているだけのことなのです。自分のやる気の方向というのは、誰にもあるのです。それが分からず努力しても永が続きせず、やる気を失っていくのです。

　そこで、自分のモチベーターを分析するために、次のページの「自己モチベーター要因分析シート」で自己評価をしてください。自分のやる気の方向がわかってきます。たとえば、1の「自分のペースでやりたいように生活を送っている」は、単純にそのまま自分自身の生活を自分のペースでやりたいように送っているかどうか、という質問です。よく当てはまれば5ないし4に「○」をします。まったく当てはまらなければ1か2に「○」をします。わからないとか、どちらともいえなければ3に「○」をします。感じるままに順番に行っていけば、自己モチベーションの方向が明確になります。

　又、以上が終わったら、僧侶としての使命感・プライド・主体的責任についてよく振り返り考え、分析し自らのコンセプショナルマインドをしっかり理解し自信を持つ事が大切です。

僧侶コンセプショナルマインド分析シート

	具体的内容	根拠・理由
使命感		
プライド		
主体的責任		

自己モチベーター要因分析シート

現在の勉学やアルバイトなど、学生生活や社会生活の場
面を思い浮かべてください。
以下の項目について、該当すると思われる個所（数値）
を○で囲んでください。

	内　　　容		自己評価			
1	自分のペースでやりたいように僧侶生活を送っている	5	4	3	2	1
2	友人や仲間との交流を深めている	5	4	3	2	1
3	本を読む場合は、特定のジャンルに決まっている	5	4	3	2	1
4	今の勉強ぶりや生活状況を家族や友人によく話している	5	4	3	2	1
5	社会奉仕的な活動に参加している	5	4	3	2	1
6	将来の目標が明確にある	5	4	3	2	1
7	将来は、自分にあった仕事をしたい	5	4	3	2	1
8	将来、仕事をする上で最も大切なのは人間関係だ	5	4	3	2	1
9	将来は、特定の専門分野で自分の力を発揮したい	5	4	3	2	1
10	他人より抜きん出たいという気持ちが強い	5	4	3	2	1
11	将来は、社会貢献に直接繋がる仕事をしたい	5	4	3	2	1
12	与えられた課題や役割は最後までやり抜く	5	4	3	2	1
13	自分の納得しないことはやらない	5	4	3	2	1
14	家族や友人のために時間を割くことが多い	5	4	3	2	1
15	好きな分野の知識を高める為の努力は苦にならない	5	4	3	2	1
16	周囲の期待が高ければ高いほど頑張ってしまう	5	4	3	2	1
17	規則や社会道徳的なルールはよく守って生活している	5	4	3	2	1
18	自分のなすべきことがはっきりすると一生懸命取り組む	5	4	3	2	1
19	言いたい事は、遠慮なく言ってしまう	5	4	3	2	1
20	人に頼まれると嫌とはいえない	5	4	3	2	1
21	物事は分析的によく考えて判断する	5	4	3	2	1
22	人から誉められるとさらに意欲が湧く	5	4	3	2	1
23	責任感は強い	5	4	3	2	1
24	何事も結果が大切だと思っている	5	4	3	2	1

よくあてはまる　←　どちらともいえない　→　全くあてはまならない

■レーダーチャートのつけ方

下記のように、それぞれの合計値を計算し、チャートの目盛りに印をつけてください。

①設問1・7・13・19 の回答番号の合計値

　〔　　　　点〕＝　　プライベート（マイペース）志向

②設問2・8・14・20 の回答番号の合計値

　〔　　　　点〕＝　　人間関係志向

③設問3・9・15・21 の回答番号の合計値

　〔　　　　点〕＝　　スペシャリスト（専門性）志向

④設問4・10・16・22 の回答番号の合計値

　〔　　　　点〕＝　　期待評価志向

⑤設問5・11・17・23 の回答番号の合計値

　〔　　　　点〕＝　　社会適応（社会性）志向

⑥設問6・12・18・24 の回答番号の合計値

　〔　　　　点〕＝　　目的志向

■自己モチベータ要因分析・レーダーチャート

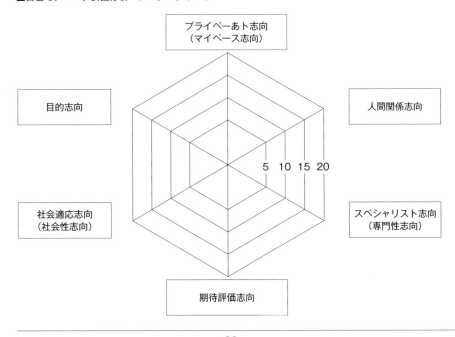

■各志向性の概略解説

①プライベート志向 （マイペース）	自己モチベータ（動機づけ）の要因は、自分自身の価値観や好き嫌い、合っている、合っていないなどの自己適性です。自分に合っていると思うことは、牽引モチベータとなり、逆に合っていないと思うことは、モチベータのブレーキとなります。
②人間関係志向	自己モチベータ（動機づけ）の要因は、友人や家族、仲間との人間関係にあります。良好な人間関係を維持または構築するコミュニケーションや他人への配慮、チームワークなどが牽引モチベータとなり、逆に人間関係を低下させる独りよがりの行動やわがままは、モチベータのブレーキとなります。
③スペシャリスト志向 （専門性）	自己モチベータ（動機づけ）の要因は、専門性や特殊性、他人との差別化にあります。自分の専門知識や専門スキルを有するための努力や特定分野で自分自身を成長させる要因が、牽引モチベータなり、逆に横並び意識、標準的な要因は、モチベータのブレーキとなります。
④期待評価志向	自己モチベータ（動機づけ）の要因は、友人や家族、仲間など、周囲からの期待や関心にあります。自分に対する周囲からの期待を感じたり、頼られたりすることが牽引モチベータなり、逆に周囲からの期待が低かったり、公平・公正な評価がなされないとモチベータのブレーキとなります。
⑤社会適応志向 （社会性）	自己モチベータ（動機づけ）の要因は、社会や地域、組織など、自分を取り巻く社会全体にとっての良し悪しにあります。社会貢献や道徳心の向上など、社会全体によって良いと判断できることは、牽引モチベータなり、逆に規則違反など社会倫理観からの逸脱行為などは、モチベータのブレーキとなります。
⑥目的志向	自己モチベータ（動機づけ）の要因は、将来に向けての目標や目的、自分に課せられた役割や責任です。自分の目標やなすべきことが明確になっていると牽引モチベータが働き、逆に目的や役割が曖昧であったり、なすべきことの意識が不明確であると、モチベータがマイナスに作用します。

① 「プライベート（マイペース）志向」に一番高い得点がついた場合

　モチベータの方向は、自分自身の価値観に非常にキーワードがあります。方向、価値が自分に合っているか、自分の価値観で動いていくと、やる気が出るということです。好き嫌いも非常に強いということです。好きなことだけやって、嫌いなことはやりたくないということです。

　本音の部分で自分にフィットしているかしていないか、自己適性→自分が何に向いているか確信があります。向いていることには徹底的にやる気が出ますが、そうでないとどうもやる気がしない。ですから、自分の好きなこと価値観というものは何か、というように徹底的に自問自答すれば、よく分かると思います。

② 「人間関係志向」が高得点の場合

　やる気の源泉は友人、家族、仲間に有ります。こういう身近な人との人間関係が良好であればあるほど、とにかく頑張れるのです。周りに対する配慮力、いわゆる気配り、目配り、心配り、そういうことに関して非常にやる気が出ます。ところが人間関係が崩れてくると、どうもやりにくくなってやる気がしなくなってきます。

　従って、どういう仕事が向いているかと言うと、チーム、仲間でする仕事です。いい仲間と仕事ができれば一番伸びていくタイプです。むしろ単独行動ではやる気が出ないということです。

③ 「スペシャリスト（専門性）志向」が高得点の場合

　専門性や特殊性、他人との自分の違いというものに対して非常に敏感です。ですから、自分が得意なこと、特殊なことに対して非常にやる気が出ます。何をやっても専門的にやっていきたい。例えば、カラオケを歌うにも専門的に歌いたい。人が歌わないような歌を歌いたがる。こういうちょっと特異な考え方をします。

　しかし「あなたも一緒ですからみんなと同じです、こういうことをしてください」というような環境下になると、自分の存在がどうもピンとこない為、そこでやる気にブレーキがかかってしまいます。

④ 「期待評価志向」が高得点の場合

組織人としてはバッチリだと思います。その要因は、友人や家族、仲間などからの期待値が高ければ高いほど、頼られれば頼られるほど頑張れるのです。

ですから、上司あるいはお客様から頼まれたら、とにかく寝食を忘れてやれるタイプです。ところが、期待をされてないと思った途端に「まぁ、いいか」と、すぐ手を抜くタイプです。

⑤ 「社会適応（社会性）志向」が高得点の場合

やる気の源泉は地域や組織、そういった自分を取り巻く社会全体にとって良いか悪いかです。良いことに対しては大変やる気になるのです。ですから、不正など「お前、ちょっとやってくれないか」などと言われたら「絶対嫌です」と言えるタイプです。

要は、周りにとって間違ったことはだめ、良いことをやっていきましょうということです。ボランティアとか社会貢献に対してモチベーションが上がります。

このタイプはデータ上、日本人の中では一番少ないタイプのようです。

⑥ 「目的志向」が高得点の場合

方向づけが将来に向けての確実な目標、目的、自分に課せられた責任というものが明確になればなるほど、それに向かって努力できるタイプです。これは今企業、特に外資が一番求めているタイプです。国際化時代に必要な要件だと言われます。

そういった意味で、目標管理あるいは目標というものに対して絶えず追っかけていくような企業ないし仕事、営業のような仕事が大変向いています。

目的があることでやる気が出るということです。ですから、目標がなく昨日も今日も同じ仕事の場合、多分やる気が無くなります。

2. 僧侶キャリアデザインステップ−2

コンピテンシー（自分の能力の基盤）の分析

　次に、自分の能力の基盤であるコンピテンシー特性を分析してみましょう。コンピテンシーとは日常習慣化されている考え方や、行動のことです。

　自分の行動特性や考えの特性を客観的に分析し、理解することは、僧侶として自分らしく人生を生きていく上でも、大切なことです。

　「コンピテンシー特性分析シート①」で、自己評価と、友人、先輩、師などにあなた自身を評価してもらいましょう。

　僧侶として「コンピテンシー特性分析シート①」の２７項目について、該当すると思われる数値に「○」をします。そして、コンピテンシー項目の番号の「○」をつけた数値を足して、③で割って平均値を出し、小数第１位まで計算して「コンピテンシー特性分析シート②」の平均点欄に記入します。その横の５段階評価のバーが該当する数値に「・」をプロットし、その「・」をつなげて折れ線グラフにしてください。次に、コンピテンシー評価欄に平均値の高い順から２つのコンピテンシー項目に「◎」を、平均値の低い順から２つのコンピテンシー項目に「△」をつけます。

　「◎」が自己の強い（得意な）コンピテンシー項目になり、「△」が自己の弱い（不得意な）コンピテンシー項目となります。また、他者の評価が自己評価と著しく相違するものも、自己の弱い（不得意な）コンピテンシー項目となります。

僧侶コンピテンシー特性分析シート①

以下の項目について、該当すると思われる個所（数値）
を○で囲んでください。

<table>
<tr><td colspan="2"></td><td>5
↓
よくある</td><td>4
↓
まあまあある</td><td>3
↓
わからない
どちらともいえない</td><td>2
↓
あまりない</td><td>1
↓
まったくない</td></tr>
<tr><td colspan="2" align="center">内　　　容</td><td colspan="5" align="center">自己評価</td></tr>
<tr><td>1</td><td>何事にも率先して取り組む事ができる</td><td>5</td><td>4</td><td>3</td><td>2</td><td>1</td></tr>
<tr><td>2</td><td>自分で決めた事はつらい事でも精神的に前向きに取り組む事ができる</td><td>5</td><td>4</td><td>3</td><td>2</td><td>1</td></tr>
<tr><td>3</td><td>何事にも地道に粘り強く取り組むことができる</td><td>5</td><td>4</td><td>3</td><td>2</td><td>1</td></tr>
<tr><td>4</td><td>自分の考えや思いを簡素明瞭に表現できる</td><td>5</td><td>4</td><td>3</td><td>2</td><td>1</td></tr>
<tr><td>5</td><td>相手に対し効果的な表現手段を用い関心を高める事ができる</td><td>5</td><td>4</td><td>3</td><td>2</td><td>1</td></tr>
<tr><td>6</td><td>これまでの習慣や既成概念にとらわれず、新しい切り口や視点で対応できる</td><td>5</td><td>4</td><td>3</td><td>2</td><td>1</td></tr>
<tr><td>7</td><td>より良い成果を得るために自分の考えや価値観に固執することなく異論にも耳を傾け対応ができる</td><td>5</td><td>4</td><td>3</td><td>2</td><td>1</td></tr>
<tr><td>8</td><td>相手の置かれた立場考えにも思いをめぐらせ共感を感じたり相手の心理的な変化や反応をくみ取ることができる</td><td>5</td><td>4</td><td>3</td><td>2</td><td>1</td></tr>
<tr><td>9</td><td>困難や障害を克服するために思考をめぐらし仲間や組織の葛藤、対立に対応する事ができる</td><td>5</td><td>4</td><td>3</td><td>2</td><td>1</td></tr>
<tr><td>10</td><td>大切な事には傍観したり模様眺めになることなく自分自ら考え動くことができる</td><td>5</td><td>4</td><td>3</td><td>2</td><td>1</td></tr>
<tr><td>11</td><td>常に開放的ではつらつとした態度バイタリティがある</td><td>5</td><td>4</td><td>3</td><td>2</td><td>1</td></tr>
<tr><td>12</td><td>自分に課せられた役割を果たすために途中で諦めたり手を抜いたりせず、最後まで自分のペースでやり抜く事ができる</td><td>5</td><td>4</td><td>3</td><td>2</td><td>1</td></tr>
<tr><td>13</td><td>よく人から話の構成や内容が論理的でわかりやすいと言われる</td><td>5</td><td>4</td><td>3</td><td>2</td><td>1</td></tr>
<tr><td>14</td><td>自分の考えを相手にわかりやすく説得できる</td><td>5</td><td>4</td><td>3</td><td>2</td><td>1</td></tr>
<tr><td>15</td><td>アイディアや発想が豊かで必要場面でそれらを表現・提示できる</td><td>5</td><td>4</td><td>3</td><td>2</td><td>1</td></tr>
<tr><td>16</td><td>自分の思い通りにならない事でもよく考え時間をかけて行動できる</td><td>5</td><td>4</td><td>3</td><td>2</td><td>1</td></tr>
<tr><td>17</td><td>人との関係において必要に応じ臨機応変に自分の考え行動を変えることができる</td><td>5</td><td>4</td><td>3</td><td>2</td><td>1</td></tr>
<tr><td>18</td><td>集団でよく中心的な役割を担い周囲から賛同や理解を得ることができる</td><td>5</td><td>4</td><td>3</td><td>2</td><td>1</td></tr>
<tr><td>19</td><td>チームや組織のためには苦手な事や嫌いな事でも進んで動くことができる</td><td>5</td><td>4</td><td>3</td><td>2</td><td>1</td></tr>
<tr><td>20</td><td>自分の目標にはエネルギッシュに前進できる</td><td>5</td><td>4</td><td>3</td><td>2</td><td>1</td></tr>
<tr><td>21</td><td>一度決めた事は困難な場合でもコツコツ続けやり抜く事ができる</td><td>5</td><td>4</td><td>3</td><td>2</td><td>1</td></tr>
<tr><td>22</td><td>いつも声量や抑揚、早さ、間合いなど聞き手が受け入れやすい話し方を心がけている</td><td>5</td><td>4</td><td>3</td><td>2</td><td>1</td></tr>
<tr><td>23</td><td>自分と反対の意見の人にも冷静に自分の考えを伝える事ができる</td><td>5</td><td>4</td><td>3</td><td>2</td><td>1</td></tr>
<tr><td>24</td><td>いつも何か楽しい事や新しい事を考えるのが好きだ</td><td>5</td><td>4</td><td>3</td><td>2</td><td>1</td></tr>
<tr><td>25</td><td>人の意見が正しい場合は自分の考えと違っても積極的に参加し行動できる</td><td>5</td><td>4</td><td>3</td><td>2</td><td>1</td></tr>
<tr><td>26</td><td>いつも相手の気持ちや思いを考え、受け止め行動している</td><td>5</td><td>4</td><td>3</td><td>2</td><td>1</td></tr>
<tr><td>27</td><td>仲間や組織のためには全力で考え行動できる</td><td>5</td><td>4</td><td>3</td><td>2</td><td>1</td></tr>
</table>

僧侶コンピテンシー特性分析シート②

コンピテンシー項目	項目NO 平均点	5	4	3	2	1	コンピテンシー評価
積極力	1・10・19						
活力	2・11・20						
持続力	3・12・21						
表現力	4・13・22						
説得力	5・14・23						
創造力	6・15・24						
柔軟力	7・16・25						
対人配慮力	8・17・26						
統率力	9・18・27						

評価コメント

3. 僧侶キャリアデザインステップ－3
キャリアスキル（知識・ノウハウ）技能分析

　さて僧侶に役立つと思われる修業や生活での知識や経験、技能を振り返る事を振り返り、将来どんな時どんな事に役立つか分析し計画します。

●僧侶　知識・体験・技能ハイパフォーマンスシート

	知識	体験	ノウハウ	技能
今までに 頑張った出来事				
理由 (なぜ)				
自他に与えた 影響				
何をつかんだか				
今後どのように 活かすか				

4. 僧侶キャリアデザインステップ－4

僧侶キャリア人脈分析

　今まで付き合ってきた知人、友人、先輩、親族、師などいろいろな交遊関係が誰にでもありますが、今までの自己人脈と内容を振り返り、今後自らの僧侶人生に誰をどう役立てていくのか、分析し計画します。

　次の「キャリア人脈アセスメントシート」にあるように、まず対象者の勤務先や関係先、交友関係をよく分析することです。そして、この関係が修業を通じて得た関係なのか、学校・学園でのことなのか、また血縁関係なのか、あるいは趣味で知り合った人なのか交友関係を分析し、交友関係の意味を具体的にすることです。

　つまり何のために、どういうことで付き合ってきたかということです。そして、その交友関係の内容をもう一度評価し直すことです。

　たとえば、信頼でき保証人になってくれる付き合いなのか、あるいは相談にのってくれる関係なのか、または必要なときのみの関係なのか、そして知っている程度なのかをよく分析し、今後必要な人脈か判断し計画します。

僧侶キャリア人脈アセスメントシート

対象者				
氏名				
企業名				
所属・				
役職				
交友期間	年 月〜 年 月 （通算約 年）	年 月〜 年 月 （通算約 年）	年 月〜 年 月 （通算約 年）	年 月〜 年 月 （通算約 年）
関係性	A：仕事縁（修業） B：学 縁 C：血 縁 D：趣味縁	A：仕事縁（修業） B：学 縁 C：血 縁 D：趣味縁	A：仕事縁（修業） B：学 縁 C：血 縁 D：趣味縁	A：仕事縁（修業） B：学 縁 C：血 縁 D：趣味縁
交友内容				
交友程度	A：保証人になって くれる B：相談にのってく れる C：必要時のみ D：知っている程度	A：保証人になって くれる B：相談にのってく れる C：必要時のみ D：知っている程度	A：保証人になって くれる B：相談にのってく れる C：必要時のみ D：知っている程度	A：保証人になって くれる B：相談にのってく れる C：必要時のみ D：知っている程度
今後の方向				

5. 僧侶キャリアデザインステップ－5

ライフプラン分析

　ライフプランとは、僧侶として自分の家庭や家計の状況を分析して、現状の自己の生活そのものを理解し、見直すことです。何と言っても家族が支えになりますし、例え独身でも親兄弟との関係は重要です。また、パートナーや子どもがいる場合は、信頼・コミュニケーションがうまくいっていて幸せな家庭を築くことが出来ているかが、最も大切なポイントです。

家族を幸せにできていいますか？

　まず家族のいる場合は、仕事をすることによって家族を幸せにできているかということが大切です。家族状況を振り返りましょう。パートナーのいる場合は、パートナー間の信頼度、コミュニケーション度、健康状況をよく振り返って分析してみることです。関係を何でも話し合える状況下であるか、または必要なことは話し合える状況か、それともあまりよく話ができない状況か、または全く話が通じない状況か、よくお互いの状況を振り返って評価してみることです。そして信頼度も合わせて総合の評価をしてみることです。お互いに信頼し合っている状況なのか、また特に問題ない状況なのか、それとも信頼不足なのか、またはよく分からない状況なのか、これによってお互いの関係の課題やテーマがはっきりし、課題やテーマがどういう原因で生じているか確認し、それを今後どのように改善していくべきかしっかりと見つめ直すことです。

　これは、子ども、兄弟、親との関係でも同様です。

家計の収支、資産負債の過不足は？

　続いて家計についてです。仕事に追われて、家計のことはパートナー任せだったり、独身であればあまり把握できていないため、自分の収入に見合わず、身の丈に合わない生活をしていないでしょうか。それによって、キャッシングやローンなどで負債を抱えるケースも見られます。何のための支出かを確認する、生活のレベルはどうか、こうした家計の収支の管理を見直してみることです。なぜならキャリアデザインのなかでは僧侶としての仕事や生活環境が変わったりすることにより、それまでの収入や支出に違いが出る場合があるからです。家計収支が計画的に赤字にならないように設計できてこそ、ライフプランが守られキャリアが充実するものになります。それ

には、家計収支を具体的に細かく振り返り分析してみることが必要です。借入金の内容や返済時期、特に住宅ローンなどは長期にわたるため、細やかな見直しが必要となります。

　そして、その過不足をはっきりさせることが大切です。資産のほうが多いのか、逆に負債のほういが多いのかによって、今後の資産対策がはっきりしてきます。

　次のライフプラン分析シート①収支編で、自分や家庭としての収支を確認しておきましょう。また、資産や負債のある方はライフプラン分析シート②資産負債編、それぞれの額と過不足の確認をしておきましょう。

　家族という財産の基盤と、家計収支の状況を明確にし、また家族の信頼そして幸福感などを総合的に分析判断することが、今後のキャリアデザインでも大切です。

◆僧侶ライフプラン分析シート　①　収支編

収　入　（年額）		
主な収入		
給与収入		万円
事業収入		万円
パート収入		万円
財産収入	利息・配当金	万円
	株式売却益等	万円
	その他	万円
年金収入	公的年金 個人年金	万円
他の世帯員の収入、仕送り		万円
主な収入計　①		万円

その他の収入	
	万円
	万円
	万円
その他の収入計②	万円

借入金（消費関連・短期）	
借入金（消費関連・短期）	万円
	万円
	万円
借入金計③	万円

社会保険料・税金		
社会保険料	健康保険料	万円
	厚生(国民)年金保険料	万円
	雇用保険料	万円
	小計①	万円
税金	所得税	万円
	住民税	万円
	固定資産税	万円
	その他	万円
	小計②	万円
社会保険料＋税金計④　（①＋②）		万円
収入合計　（①＋②＋③－④）		万円

◆僧侶ライフプラン分析シート　①　収支編

支　出（年額）		
●主な日常的支出 日常生活費 通常の食費・家賃・被服費・水道光熱費・交際費・交通費・通信費など		
		万円
住居費（特別計上分住宅ローンなど）		万円
教育費		万円
医療費		万円
保険料	生命保険料	万円
	個人年金保険料	万円
	損害保険料	万円
	火災・地震保険料	万円
	小計	万円
主な日常的支出計①		万円

負債（借入金）の返済		
		万円
		万円
		万円
返済計②		万円

その他の支出		
高額商品の購入		万円
旅行・レジャー		万円
		万円
その他の支出計③		万円

貯蓄		
貯蓄額	積立定期預金など	万円
	信託財産(お金・株式・投資信託・債券など)	万円
	財形貯蓄	万円
	その他	万円
	小計①	万円
取り崩し額	小計②	万円
貯蓄計④（①－②）		万円
支出合計（①＋②＋③＋④）		万円

◆僧侶ライフプラン分析シート ② 資産負債編

資　産	
●貯蓄	
預貯金等	万円
	万円
	万円
財形貯蓄	
一般	万円
住宅	万円
年金	万円
社内預金	万円
	万円
その他の金融商品（生命保険解約払戻金など）	
	万円
	万円
貯蓄合計	万円

●その他の資産（株式、ゴルフ会員権、貴金属、絵画、骨董品など）	
種類	時価
	万円
不動産	
種類	時価
その他の資産合計	万円
資産合計	

負　債		
●借入金		
種類	負債残高	返済完了年月
住宅ローン	万円	年　　月
教育ローン	万円	年　　月
自動車ローン	万円	年　　月
	万円	年　　月
	万円	年　　月
	万円	年　　月
	万円	年　　月
	万円	年　　月
負債合計		万円
財形貯蓄		

■現在の純資産	（資産合計）　　　　　　　　　　　　　　　（負債合計） 　　　　　　　　　万円　　　−　　　　　　　　　万円 　＝　　　　　　　万円
■使える資産	（純資産）　　　　　　　　　　　　　　（居住用不動産など） 　　　　　　　　　万円　　　−　　　　　　　　　万円 　＝　　　　　　　万円

6. 僧侶キャリアデザインステップー6

僧侶キャリアビジョン（自己のキャリア形成目標）のつくり方

　私たちが何かをしようと思って判断するとき、あるいは人生の岐路に立たされたとき、漠然と「何となくしたいと思うこと」「何となくできそうな方」を選択してしまいがちです。しかし、自分にとって「本当にしたいこと」「本当にできること」「これからしなければならないこと」は厳密には違い、これらを自分自身で掘り下げ、追求し、明確に自己認知しておくことは、自己の本質的な価値を発見する上でとても重要なことです。

■Will-Can-Must 法によるキャリアビジョン形成

　そこで、意識の基盤のつくり方、能力の基盤のつくり方、実績の基盤のつくり方を十分に考え、Will-Can-Must シートでキャリア形成ビジョンを設計します。

　【Will】とは、「僧侶として何がしたいのか」を将来の自分にむかって問うことです。

　【Can】とは、「僧侶として何ができるか」を過去の自分にむかって問うことです。

　【Must】とは、Will と Can を徹底的に自己創造・自己分析して上で、「僧侶として今すべきこと、やらなければならないこと」を現在の自分に問うことです。

　そして「Will-Can-Must シート」で僧侶キャリアビジョンの設計ができたら、僧侶キャリアビジョンのテーマごとに「僧侶キャリアビジョン PDCA」シートを使って、PDCA サイクルを考えてみましょう。PDCA とは、計画（PLAN）→実行（DO）→進捗のチェック（CHECK）→今後の対策（ACTION）→そしてまた計画（PLAN）···という一連の流れのことです。

◆僧侶 Will-Can-Must シート

	具体的な内容	根拠や理由
【Will】 僧侶として 将来何がしたいのか		
【Can】 僧侶として 自分は何ができるのか		
【Must】 僧侶として今、何をしな ければならないのか		

1. 将来目指す僧侶に向けて、自分の Will に対する思いの程度や強さは？
2. 自分の持つ資源や価値（Can）僧侶としてを最大限活用するためには？
3. 将来目指す僧侶ビジョンに向けて足りないことは、今からやらなければならないことは？

◆僧侶キャリアビジョン PDCA シート

キャリアビジョン テーマ	計画 （Plan）	実行 （Do）	Check の 方法と評価	今後の対策 （Action　Plan）

（2）僧侶プレゼンテーション基本スキル

1. 僧侶プレゼンテーション基本スキル

　僧侶プレゼンテーション基本スキルとは『僧侶として、檀家さんや信徒さん相手に積極的な動機付けを効果的に行うコミュニケーションのひとつ』と定義することができます。自分の期待通りに檀家さんや信徒さんが自分に魅力を感じてくれる、理解してもらうよう動機付けをするコミュニケーション手法です。

　僧侶プレゼンテーションには、3つの要素があります。この要素を互いに効果的に機能させ、目標達成を目指します。
①プレゼンテーター　　　　　⇒　プレゼンテーションを行う人
②プレゼンテーションコンテンツ⇒　プレゼンテーションの内容
③プレゼンテーションスキル　⇒　プレゼンテーションを効果的に行う技術や知識

プレゼンテーション時の留意点
①服　装
　服装は、相手に最も印象を与える要素です。気を配っておきましょう。

②姿　勢
　まずは、ふらふらしないことが大切です。肩幅よりやや広めに足を開き、両足に重心を均等にかけて立ちます。背をまっすぐ伸ばし、一番前から後ろまでの聴衆に目線が届くように位置を決めます。

　　目線は一番前から後ろまでの聴衆に届くように位置
　　肩の力を抜く
　　背をまっすぐ伸ばす
　　手は自然に両脇に下ろした位置
　　ふらふらしないこと
　　肩幅よりやや広めに足を開く
　　両足に重心を均等にかけて立つ

目線は一番前から後ろまでの聴衆に届くように位置
肩の力を抜く
背をまっすぐ伸ばす
手は自然に両脇に下ろした位置
ふらふらしないこと
肩幅よりやや広めに足を開く
両足に重心を均等にかけて立つ

表情は、唇を閉じて、ニヤリとすれば自然とできます。次に、目は細く和らかにします。一方、重要な場面では、真剣なまなざしも必要です。適宜柔軟に表情も作りましょう。

■表情のチェックシート

場所	チェックポイント	○・×	改善
目	和やかな目（対象に向いたまま目尻を意識。気持ち程度目を細める。そうすれば和やかな優しい表情になる）		
	真剣なやる気の目（目に力を込める。張りを持たせる。少し大きく目を開けるだけでも効果がある）		
眉間	開く 両方の眉間を上げる（意識を髪の生え際真ん中に持ってくる）		
口角	口の両端を上に上げる（両口角を上げる方法は口角の上にある筋肉を少し緊張させるだけでいい。できなければ、唇を閉じたままニンマリするだけでも近い形になる）		

Point

・『へ』の字口にしない！！（『へ』の字口は不満や勝負に挑む時の形）

・目も眉も口も鏡を見ながら練習

・少し練習すれば、良い表情をすることができる

アイコンタクトと姿勢（檀家さんや信徒さん）

　アイコンタクトとは、聴衆の目を見て話すことであり、あなたに話しているのですよ、という証です。つまり、See（聴き手を全体として見る）ではなく、Look at（一人ひとり）で見ることが重要、ということです。また、周囲から常に注目されています。体の向きや姿勢によって、プレゼンテーションの内容と評価が左右されます。より注意して体の向きや姿勢を整えましょう。

■アイコンタクトのチェックシート

チェックポイント	○・×	改善
じっと一人ばかり見つめない		
舐めるように通り過ぎてはいけない		
一人一人に目線を留める（時間にして一人、2〜3秒を目安）		
開始直後は、うなずいてくれる人を中心にアイコンタクト		

■姿勢の向きのチェックシート

チェックポイント	○・×	改善
顔は聴き手を向いているか		
視線は聴き手に向いているか		
声は聴き手に向いているか		

2. 僧侶プレゼンテーターとしてのわかりやすい話し方

　聴衆に向けてわかりやすく話すためには、次のポイントに注意しましょう。自分の話し方（檀家さん信徒さん）についても知っておくことも大切です。

Point

・ゆっくり大きな声で　　　⇒　わかりやすさ
・抑揚をつける　　　　　　⇒　集中力が増す
・大事なことは低い声で　　⇒　信頼感、安心感

■声のチェックシート

要素	程度	現状チェック	改善
声の大きさ	相手によく聞こえる大きさ（相手が３０人いたら、一番後ろの３０人目に語りかける大きさ）		
声のトーン	落ち着いた低めのトーン		
声の張り	大きくはっきり口を開けて話す		

・大きさ・・・お腹から声を出す発声練習をする。（カラオケでもよい）
・トーン・・・自身の声の高低もあるが、自分の声の中で低めの声を使う。
・張り・・・・声を前に押しやる気持ちで話す。パワフルで自信に満ちた声で話を
　　　　　　　進める。

■アイコンタクトのチェックシート

チェックポイント	○・×	改善
顔の表情に動きはあるか		
身体は動いているか		
視線は固定されていないか		
話し方が単調になっていないか		
立ち位置に動きはあるか		

Point

・質問する　　　　　　　・会話をする

・考えさせる　　　　　　・手を挙げさせる

・聴き手自身を例に挙げる　・身体を動かさせる

3. 僧侶プレゼンテーション（話、法話など）の流れ

プレゼンテーションストーリー

プレゼンテーションストーリーとは、プレゼンテーションの内容にストーリーを作ることです。

このストーリーにより、プレゼンテーションの流れが論理性をもち、わかりやすくなります。

1. イントロダクション　　2. 序論／背景・環境分析

3. 本論／各論・総論分析　4. 課題／問題点の指摘

5. 結論　　　　　　　　　6. 質疑応答

4. キャリアプレゼンテーションの基本ステップ

　キャリアプレゼンテーションを行う場合は、下図の基本ステップのようにストーリー性、論理性、説得性を考慮して行うことが重要です。

STEP1 ●プレゼンテーションの対象
　　　　・誰に対して行うのか

STEP2 ●プレゼンテーションの目的
　　　　・何のため、誰のために何を説得するのか
　　　　・相手の関心事や期待値に適応しているか

STEP3 ●プレゼンテーションのコンテンツ
　　　　・相手にメリットのある内容か
　　　　・相手のテーマ・問題点が把握されているか
　　　　・テーマや問題点がソリューションされているか

STEP4 ●プレゼンテーションのツール
　　　　・資料は的確か
　　　　・資料の提示方法としてのツールは十分か
　　　　・説明の展開に説得力があるか

STEP5 ●プレゼンテーションの場所
　　　　・時と場所は適正か
　　　　・本堂、講堂、会議室、応接室、商談コーナー、
　　　　　公共施設、プレゼンルームなどに出向くか、来
　　　　　てもらうか、集合するか

STEP6 ●プレゼンテーションの事例研究
　　　　・テーマに対して類似事例があるかどうか

STEP6 　プレゼンテーションの事例研究
　　　　・テーマに対して類似事例があるかどうか

STEP7 ●プレゼンテーションストーリー
　　　　・プレゼンテーション全体を時間内でストーリー
　　　　　化されているか

5. アイドマ（AIDMA）メソッドで魅力的な僧侶キャリアプレゼンテーション

　私たち人間が行動する場合には、通常は何かに「注目（attention)」し、「興味（interest)」をもち、興味から「期待（desire)」を抱き、期待を実現するためにあれこれ｛判断（memory)｝し、そして「行動（action)」します。

　「アイドマ理論」(AIDMA) ＝ Attention、Interest、Desire、Memory、Action の頭文字をとったもの）はこの一連の行動を体系化したものをいう。大切なことは注目から行動に至るまでの過程を自分にあてはめてみることです。

　衝動的な人は「興味」からすぐ「行動」へと移りがちであり、慎重な人は「期待」と「判断」に時間がかかります。自分の AIDMA（アイドマ）を知ることで、自己をよく知ることができ、目的をイメージしやすくなります。

■僧侶 PR プレゼンテーションシート

	What　何を	Why なぜ（理由）
A 話しの中で何を 注目させたいのか		
I 話しの中で何に興味 を 持たせたいのか		
D 話しの中で何を 期待させたいのか		
M 話しの中で何を 印象付けたいのか		
A 話しをどのように評 価させたいのか		

上記の AIDMA　What　Why をまとめて文章化

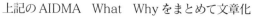

魅力のある文章になったかチェックする。

（3）僧侶ホスピタリティコミュニケーション基本スキル

①僧侶ホスピタリティコミュニケーションのイメージ

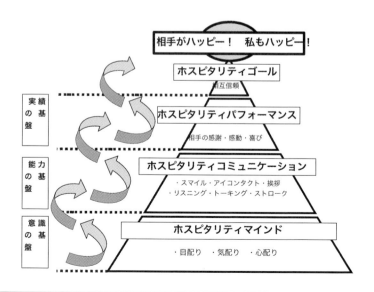

　僧侶ホスピタリティコミュニケーションは上記の図の様に、"相手の立場に立ち"「この人は今どのように感じているのだろうか」「何をしてあげれば良いのか」「どうしたら喜んでもらえるのか」など、『目配り』『気配り』『心配り』をして思いやりを持ったホスピタリティマインドをベースに僧侶ホスピタリティコミュニケーションスキルすなわち思いやりのある礼儀正しい、好印象を与える僧侶コミュニケーションスキルを身につけ、パフォーマンスすることです。

　そして、この僧侶ホスピタリティコミュニケーションパフォーマンスは相手がハッピーと感じその結果、自分もハッピーと感じ、互いに信頼関係を築くことが出来ます。この僧侶ホスピタリティコミュニケーションはさらに周囲の人々までもハッピーにするスパイラル力を持っています。

　僧侶ホスピタリティマインド（思いやりの心）や礼儀作法、敬語などはまさに日本の伝統文化であり、最も日本人らしさを表したものと言えます。

1. ホスピタリティとは何か

　ホスピタリティを辞書で引くと、「思いやり、やさしさ、歓待」などと訳されます。ホスピタリティ（hospitality）の語源は、ラテン語のホスペス（hospes）で、ホテル、ホスピタル（病院）、ホストなどはすべてこのホスペスをルーツとしています。
ホスピタリティの原点である考え方が登場したのは、中世のヨーロッパでした。まだホテルがないこの時代、カトリックの巡礼者たちは一般の家庭に泊まりながら巡礼をしました。その時、「知らない人でも、よその村から来た人でも、家族と同じように受け入れましょう、親切にもてなし泊っていただきましょう」ということがホスピタリティの考えです。

　日本の四国八十八カ所のお遍路お接待によく似ています。つまり人を受け入れる思いやり、やさしさのことです。

　では、「思いやり、やさしさ」とは具体的にどのようなことでしょうか。それは「相手に心を向ける」ことであり、「相手の立場に立った行動」と理解することができます。「この人は今どのように感じているのだろうか」「何をしてあげればよいだろうか」また、「どう言えば伝わるだろうか」「こうしたら、こう言ったらうれしいだろうか（または嫌だろうか）」と心を尽くすことがホスピタリティといえます。

2. 僧侶ホスピタリティコミュニケーションの目指すもの

『あなたがハッピー、私もハッピー』

　「やさしさ、思いやり」または「相手の立場に立った言動」は、ゴールではありません。目指すゴールは、「あなたがハッピー、私もハッピー」を手にすることです。つまり『相手が幸せを感じ、その幸せによって自分も幸せを感じる』ことです。

　人と人の関係は鏡のようなものです。自分がよい思いをしても、相手が不快であれば、よい関係は構築できません。例えば、「親切」が「おせっかい」となるのは、「自分がよいと思うことが相手の望むことではない場合」に起こります。「おせっかい」はした側は満足しても、相手にとっては迷惑になります。「おせっかい」を「親切」に変えるには、相手が望むことを把握することが必要です。「親切」な行動は、相手から心からの「ありがとう」をもらえます。「おせっかい」では、心からの「ありがとう」はもらえません。相手から笑顔で心からの「ありがとう」をもらったとき、自分も心からハッピーになることができるのです。

　そして、人からもらったハッピーは、また他の人にもあげることができるのです。ほんの小さなことでも、相手のことを思って、相手が望むことをしてあげるならば、「ホスピタリティスパイラル」を起こすことができます。

3. 僧侶ホスピタリティマインドの内容とポイント

『相手に伝えるマインド』

　ホスピタリティは相手に対する「やさしさ、思いやり」というマインドが大切です。中心となるのは「マインド＝心のあり方」ですが、それを積極的に相手に伝えなければ、「やさしさ、思いやり」の心は伝わりません。

　そして、僧侶ホスピタリティマインドを支えるのは、「相手は尊敬すべき対等な人」という尊い意識です。一方的に奉仕する関係でなく、「相手と自分は対等かつ平等であり、自分からできることをする」という意識です。自己犠牲の上には、「互いのハッピー」はありません。相手がたとえ嬉しくても、自分も嬉しくなければホスピタリティとは言えません。

　大きなことをするのではなく自分に無理のないことを、言葉を伴って行動にして伝えていきます。ほんの一言、ちょっとした心遣いの態度が僧侶ホスピタリティマインドを伝えることになります。

　相手の立場になり、相手がうれしいことを自分のできる範囲で、無理なく続けていきましょう。そうすれば、相手と自分の素敵な笑顔に出会えるはずです。

4. 僧侶ホスピタリティコミュニケーションのポイント

『目配り、心配り、気配りの大切さ』

　「目配り」とは、「意識をもってよく見ること」です。人は何らかのメッセージを発しています。急ぎの用事があれば時間を気にし、退屈してくれば視線は相手から他のところに移ります。嫌なことがあれば眉間にしわがよるなどのけげんな表情になり、嬉しいことには笑顔になります。普段は何気なく見ている相手のアクションや表情も、相手のメッセージを受け取ることを意識することにより、多くのことが伝わってきます。

　この様に相手をよく見、観察することが、「目配り」です。相手を思いやる心はまず相手を良く見る「目配り」が大切です。

　「心配り」とは、「相手の状況を受け取り、相手のためになるように心を働かせること」です。具体的には想像することでもあります。例えば、お年寄りが他のお店で買い物をして、多くの紙袋を持って来店されたとしたら、「多くの紙袋を持つのは、大変でしょう。一つの袋にまとめれば、きっと持ちやすくなる」と思うことが「心配り」です。つまり相手が良くなること。相手のためになる事を考え行動することが「心配り」です。「気配り」とは、「一つ一つのことに細かく気を使うこと」です。「気配り」の1つ1つのことに細かく気を使うとは、単に注意を払うことだけでなく、何かをしたり言葉をかけるときに、「本当にこれでよいか。相手がうれしいためには、他の方法もあるのではないか」と考えることでもあります。お年寄りの手持ちの荷物をまとめる場合でも、単に大きな袋にまとめればよいということではなく、「いくつかに分けて両手でバランスよく持ったほうがいいかもしれない」と考えることが、「気配り」です。

5. 僧侶ホスピタリティコミュニケーションワード

『アイメッセージとユーメッセージ』

　アイメッセージとは、「私は〜」と「自分＝一人称」を主語にして伝える表現方法です。ユーメッセージとは、「あなたは〜」と「あなた＝二人称」を主語として相手に伝える方法です。

　あなたは相手に行動を促したいとき、または相手をほめたいときに、どのように表現していますか？

　例えば、提出期限を過ぎても書類を提出してくれない同僚がいるとします。その時、「提出してくれると助かります。待っています。」と伝えるのがアイメッセージです。「どうして提出してくれないの？」と伝えるのがユーメッセージです。

ユーメッセージはストレートに強く相手に伝わります。さらに、ユーメッセージは言い方によっては、決めつけや相手に原因を追求する言葉にもなります。

　ユーメッセージでは、相手そのものがダメというメッセージになりますが、アイメッセージならば、そう判断しているのは私であって、他の人は嫌いでなく好きなのかも知れないという余地を残しながら伝わることもあるからです。

　私たちはどのくらいアイメッセージを使っているでしょうか。アイメッセージは人を動かすメッセージです。ホスピタリティを発揮して人と接する場合には、基本は「アイ（愛）メッセージ」です。

6. 僧侶ホスピタリティコミュニケーションの定義と満足度

　僧侶ホスピタリティコミュニケーションの定義をまとめてみます。
・あなたがハッピー、私もハッピーの実現
・目配り、心配り、気配りの実現
・おもてなしの心、ホスピタリティの表現
・誠実、笑顔、挨拶、正確さ、感謝の表現
・相手との約束事の実行と実現

②僧侶ホスピタリティコミュニケーションを円滑に進めるための原則

1. 僧侶ホスピタリティコミュニケーションを円滑に進めるための基本姿勢

・自ら積極的に相手に関わっていこうとする姿勢
　僧侶ホスピタリティコミュニケーションは、自分と相手との関係の間に存在しますが、受身では僧侶ホスピタリティコミュニケーションはうまく行きません。自ら進んで会話を持ちかけたり、自分の気持ちや考えを相手に提供することが大切です。自分の一生懸命さや熱意が相手に伝わってこそ、僧侶ホスピタリティコミュニケーションはうまくいくのです。

・相手の立場で考える
　自分の考えや意見を率直に相手に述べることは大切ですが、自分の都合だけを考えてばかりでは良好な関係はつくれません。相手に対する思いやりや相手の立場で考え

ることが重要です。

・素直な姿勢

　「ありがとうございます」というように、相手から意見や助言を受けた場合には、素直に自分の気持ちを言葉にして相手に返すことが大切です。

・状況に合わせた柔軟な対応

　この問題はこうすべき、あの人の考え方はこうに決まっている、などと固定概念や先入観は排除しましょう。対人関係は、刻一刻と変化しつづけているので、状況や事実に合わせた柔軟な対応を心がけることが大切です。

・目的や内容に応じた僧侶ホスピタリティコミュニケーション手段の選択

　最近は、メールでの情報交換や意見のやり取りが頻繁に行われていますが、重要な依頼事項やちょっとした報告も全てメールで済ませてしまうという傾向があります。重要事項は、直接出向いて対話する、簡易事項であればメールを活用するなど、ＴＰＯ（時間、場所、目的）に応じて僧侶ホスピタリティコミュニケーション手段を選択することが必要です。

　僧侶ホスピタリティコミュニケーションは、情報の伝達だけでなく、気持ちの伝達があって初めて本当の僧侶ホスピタリティコミュニケーションと言えることを忘れてはなりません。

2. 僧侶ホスピタリティコミュニケーションにおける話題づくり

　会話のきっかけや話題に困ったときには、『キドニタチカケセシ衣食住』というキーワードを思い描くと良いでしょう。このキーワードに関連づけて日頃から情報収集しておくと、いざというときに困りません。初対面での話の切り出しや話の途中で会話が途切れたとき、キーワードを思い出してさりげなく話をつなぐことです。

■話題づくりのキーワード

キ	気候・天候	相手にとっても最も気楽に話せる無難な話題
ド	道楽・趣味	共通の趣味があればしめたもの。まず相手の趣味を確認しよう
ニ	ニュース	朝刊トップのニュースや最近話題のテーマなど
タ	旅・旅行	地域の話題や旅行での出来事など
チ	知人・友人	共通の知人や先輩・後輩がいれば、近況などを聞いて話の糸口とする
カ	家族	家族の構成程度。あまり詳しく追求しないこと
ケ	健康	健康やスポーツに関する情報は比較的話が弾みやすい
セ	セックス	相手が話題にしたとき、愛嬌で受け流す程度。異性に対しては禁物
シ	仕事	相手の仕事内容に敬意を表し、真摯な態度で聞くこと
衣	服装・ファッション	相手の服装や着こなしについてさりげなく誉めたり、流行についての話題
食	食事	好きな食べ物や安くておいしい穴場店の情報は誰でも興味を持つ
住	住居	「どちらにお住まいですか?」基本中の基本の話題づくり

3. 僧侶ホスピタリティコミュニケーションで、相手に嫌がられる話やタブーな話題

　良かれと思って話題にしても、価値観や考え方の違いによってお互いが気まずい雰囲気になったり、対立関係になってしまいがちになったりする話題もあります。また、相手と良好な人間関係をつくりたいと思って、お世辞を言っても度を過ぎて誉めすぎるとかえって不快に思われるので、気をつけなければいけません。

■話題づくりのキーワード

政治観の話	主義主張や思想が同じである場合には有効であるが、政治に関する話は一般的には避けたほうが賢明。話が深くなればなるほど、考え方や思想の違いが明らかになって、関係が悪化してしまうケースが多い。相手が話題にのせた場合には、聞くことに撤すること。
うわさ話	その場にいない人物の話になると、あること無いこと、他人から聞いた噂など、つい遠慮なく色々話してしまうものです。話し手の品位を下げるばかりでなく、度を過ぎると人権問題にもなってしまうので、うわさ話には関わらないのが賢明。
お世辞話	社交辞令や相手に敬意を表するさりげないお世辞は、言われたほうも決して悪い気がせず、人間関係をつくる上での潤滑油として必要です。しかし、しつこかったり、見え透いたりするお世辞は、喜ぶどころか、逆に不快感や不信感を抱かせる結果となる。「誉め殺し」にならないよう要注意。
自慢話	誰でも自分の成功体験や自慢に思う話は、つい我を忘れて吹聴してしまうもの。自慢話を聞かされて、口では「それはすごい事ですね」と返しながらも、心から感心されることはまず無い。自慢話で相手に好意・好感を持たれることはほとんど無いのである。

4. 言語による僧侶ホスピタリティコミュニケーションと非言語ホスピタリティコミュニケーション

　ホスピタリティコミュニケーションは、自分の伝えたい情報を的確にわかりやすく伝達し、それを相手が正しく理解することによって成り立ちます。その伝えたい情報には大きく2種類があり、1つは言語（バーバル）であり、もう1つは、非言語（ノンバーバル）といわれるものです。

　ホスピタリティコミュニケーションは、主に「言葉によるもの」と思いがちですが、ホスピタリティコミュニケーション行動全体の中で、言語と非言語での情報伝達は、一般的にどのような割合で行われているのでしょうか。研究調査の結果によると、非言語でのホスピタリティコミュニケーション比率は、8割とも9割とも言われています。つまり、その人のしぐさや表情、行動や服装など、実際には「言葉以外の情報」の影響が、断然大きいのです。

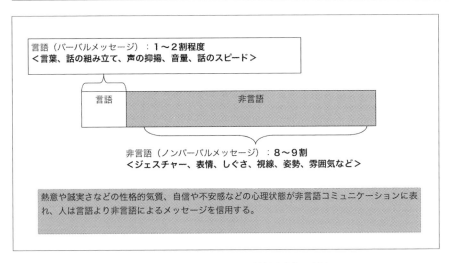

言語（バーバルメッセージ）：1～2割程度
＜言葉、話の組み立て、声の抑揚、音量、話のスピード＞

言語　　　　　非言語

非言語（ノンバーバルメッセージ）：8～9割
＜ジェスチャー、表情、しぐさ、視線、姿勢、雰囲気など＞

熱意や誠実さなどの性格的気質、自信や不安感などの心理状態が非言語コミュニケーションに表れ、人は言語より非言語によるメッセージを信用する。

5. 非言語ホスピタリティコミュニケーションの特性と活用方法

　非言語ホスピタリティコミュニケーションは、自分の言いたいことを補完するなど、相手の真意を読み取る上で重要な役割を果たしますが、必ずしも万能と言うわけではありません。そこで、非言語ホスピタリティコミュニケーションの特性や効果的な活用方法を整理しておきましょう。

■非言語ホスピタリティコミュニケーションでの悪評価を与える「癖」チェックの方法

チェック内容	自己チェック	家族チェック	友人チェック
よく腕を組む			
よく足を組む			
頭をかく、髪をいじる			
相手と目を合わせない、視線をそらす			
貧乏ゆすりをする			
首をかしげる			
舌打ちする			
手が落ち着かない、手でペンなどをもてあそぶ			
すぐに鼻や口に手をやる			
横目づかいや上目づかいで見る			
ついヘラヘラ笑ってしまう			
感情が高ぶると声が大きくなる			

・非言語だけでは伝わりにくい

　音声が届かない遠くの人に手を振ったり、両腕で円を描いて「大丈夫」のサインを送ったりする場合が稀にありますが、通常はほとんど言語（言葉）との併用で使われます。「こんにちは」と言いながら、手を上げたりすることがあります。ただ、手を上げただけでは挨拶なのか、無意識に手を上げただけなのかの判別がつきにくいものです。したがって、言語と併用して使うことが望ましいでしょう。「こんにちは」という言葉だけでの伝達よりも、言語と非言語を併用して表現力が高まります。

・うそがつきにくい

　言葉のウソは簡単につくことができますが、非言語でのウソは比較的つきにくいといえます。よほどの訓練をしなければ通常は本心や本音が非言語として表現されます。例えば、退社時間間際に上司から仕事を頼まれ、言葉では「はい、わかりました」と言いながらも、表情が冴えなかったり、ため息交じりで応えてしまうものです。上司は、すぐに本心を見抜いてしまうでしょう。つまり、非言語では、気持ちや本音のありのままが出てしまい易いのです。

・人によって解釈が異なる

　例えば、商談中に時計に目をやるという仕草をしたとします。商談の相手は「そろそろ時間が押し迫っているのかな・・・」という解釈をする人もいれば、「この商談に関心が薄いのかな・・・」という解釈をする人もいます。しかし事実は、時計の針が止まってしまってちょっと気になっただけかもしれないし、時計を見ることが本人の癖かもしれません。このようにちょっとした仕草でもいろいろな解釈をされてしまい、誤解が起こりやすいものです。言葉には定義や意味がありますが、非言語には傾向や予測はついても、共通の定義が無いのです。

・無意識に行いやすい

　「まばたきをする」「足を組替える」など、自分にとって何も意識せず、また何の意図も無い仕草でも、相手はそれを何らかのメッセージとして受け取ってしまうことがあります。こちらが無意識に行った動作でも相手が意味を持たせて解釈すれば、それはれっきとしたメッセージであり、コミュニケーションになってしまいます。

　非言語ホスピタリティコミュニケーションは、言語での言い足りない部分を補ったり、言語の代わりとして効果的に相手にメッセージを届けてくれたりしますが、自分

ではコントロールしにくいコミュニケーションでもあるので、細心の注意を要します。

③相手の心を開かせる僧侶ホスピタリティリスニング

1. 僧侶ホスピタリティリスニング（思いやり傾聴）とは

　「話すこと」と「聞くこと」ではどちらが難しいでしょうか。「私は話すのが苦手で・・・」というのをよく耳にしますが、「聞くのが苦手」という事はあまり聞いたことがありません。しかし、聞くのは簡単だと思っていたら、それは大間違いです。上手に聞くことのほうがはるかに難しいのです。なぜなら、人の話をただ黙って聞いているだけでは、本当に聞いていることにはならないからです。

　「聞く」という僧侶ホスピタリティコミュニケーションは、相手が何を考え、何を感じているか、そしてそれはなぜなのかを「正確に理解」してはじめて聞いたことになるからです。「聞き上手」な人は、相手の話を聞きながら、タイミングよく相槌を打ったり、表情豊かに反応を示すので、話し手は気分良く本音を語ることができます。そして会話の後には、「自分の考えを十分理解してくれた」と満足し、また何かあったらこの人に聞いてもらいたいと思うものです。そうした「聞き上手」になるための方法を僧侶ホスピタリティリスニング（思いやり傾聴法）と言います。

2. 僧侶ホスピタリティリスニングのポイント

・批判的にならない

　ものの考え方や価値観は多種多様で人によって異なります。自分の考えや価値観に固執して聞いていると、「それはおかしいよ」「僕はそうは思わない」などと、つい否定的なことを口にしてしまいます。こうした聞き方をしていたら、相手は話す気を失ってしまうでしょう。自分の固定概念や考えといった基準を一度取り去り、まずは相手の話に素直に耳を傾けることが大切です。

・言葉の裏にある相手の気持ちまで聞く

　相手がどんな内容の話しをしたか（何を言ったか）だけでなく、その話しの背景や本音の気持ち（なぜ自分に言ったのか）までよく洞察しながら話を聞くことが大切です。言葉に表現された内容は、相手の言いたいことのほんの一部分にしか過ぎません。「何を言ったか」だけではなく、「なぜ言ったのか」が僧侶ホスピタリティコミュニケーションでは重要なのです。

・質問などを通じて確認する

　自分の思いや言い分を100％言葉に置き換えられる人はいません。適切な言葉が見つからなかったり、言葉足らずであったり、言い間違えてしまうこともあります。そのために、非言語で言語を補完しながら、相手に伝えようとしますが、それでも不十分なのが我われの日常行っている僧侶ホスピタリティコミュニケーションです。したがって、相手の話しで不明確な点や分からないところ、言語と非言語でギャップを感じたら、話しの腰を折らないように注意しながら、質問をして確かめることです。

・会話の節目や終わりには自分の考えをフィードバックする

　真摯な態度で相手の話しに耳を傾けることは、聞き手の重要な姿勢です。でも、ただ黙って聞いているだけでは一方通行になってしまい、本当の僧侶ホスピタリティコミュニケーションとはいえません。相手は、自分の話しを理解してくれたのか、理解していないのかが分からず、不安になります。したがって、相手の話しが理解できたと思ったら、話の要点をまとめて賛意を言葉で表すなり、自分の言葉に置き換えて相手に伝えることが大切です。そうすれば、相手は理解してもらえたことが確認でき、安心して会話を続ける事ができるのです。

・非言語（言葉以外のメッセージ）を相手に送る

　話の合間や要所要所で非言語を用いて、自分が真剣に相手の話を聞いていること、理解していることを伝えていくことが大切です。相手は、こうした態度や姿勢で、相手の積極的な傾聴姿勢を見て取るはずです。一生懸命聞いてくれる人には、話し手も一生懸命話すことができます。

3. 僧侶ホスピタリティリスニング実践の7つの手法

（1）　アイコンタクト	アイコンタクトとは「視線の一致」のこと。視線の合わせ方や時間の長さで相手がどれだけ好意的に話を聴いてくれているかがわかる。やわらかい視線で相手を見ながら聞く。	
（2）　相づち	相手の話の内容に同意したり、共感したときにはその気持ちをはっきりと表す。「うなずき」や「なるほど、そうですね」といった言葉で共感を示す。	
（3）　繰り返す	相手が最も伝えたいことや重要な内容については、「～ですね」と相手の言葉を繰り返し、話を受け止めているということを相手に伝える。	
（4）　言い換える	「～という意味でよろしいのでしょうか？」と、相手が言ったことを自分の言葉や解釈に置き換えて確認する。	
（5）　時々、質問する	ただ一方的に聞いているだけでなく、不明な点やわかりにくかった点については、必ず確認の質問をして理解を深める。	
（6）　話の腰を折らない	話の途中で口をはさんで、話し手が変わってしまうことがよくある。こうした場合、相手は言い足りない不満を残してしまうので、相手の話は最後まできちんと聞き、話の腰は折らないよう注意する。また、話し手の考えを先読みして、先に言わないようにするのも相手に対する配慮である。	
（7）　注意をそらさない	聞きながら、話し手以外のところに視線を送ったり、時計に目をやったりすると聞いていないと思われたり、話を早々に切り上げたいと思われる。	

④自分の考え・思いを伝える僧侶ホスピタリティトーク

1. 僧侶ホスピタリティトークとは

　僧侶ホスピタリティトークとは自分の考えや思いを真剣に感情をこめて、相手にわかりやすく理解しやすい方法で話すことです。相手と話すときは自分の意思が伝わるように適切な言葉、語彙を選んで話すことが大切です。相手の性別・年齢・教養・立場・性格などにより、相手に通じる話し方（ホスピタリティトーク）をしなければ、話したことがかえって誤解を招き、意図することと全く反対の結果をまねくことがよくあります。ホスピタリティトークとはこうした諸条件をよく考え、相手の理解と信頼を得ることができる話し方です。語彙、敬語、態度、マナーなどあらゆることを意識して行う話し方です。

2. 僧侶ホスピタリティトーク法のポイント

　話をすることは、人間関係をつくる最も重要なことですが、話は話をする人と聞く人がいて成り立つものです。ちょっとしたひと言によって、人の心は変化します。そしてその変化は、その話をした人に対する好き嫌いの感情へストレートにつながっていきます。

　自分の話し方に気をつけて、心配りの行き届いた話し方が大切です。

■僧侶ホスピタリティートークのポイント

1) 　人相手とアイコンタクト
2) 　言葉の内容に注意する
3) 　明るい言葉を使う
4) 　敬語
5) 　専門用語、仏教用語は避ける
6) 　外来語に注意
7) 　本音で話す
8) 　相槌をチェックしながら話す
9) 　終わりの言葉を丁寧にする

⑤僧侶ホスピタリティコミュニケーション基本スキル　1

～　第一印象づくり・笑顔のつくり方　～

1. 第一印象の笑顔が与える大切さ

　人との出会いで相手に与える好感度は、第一印象で決まります。第一印象は、手を
パンとたたいた瞬間、わずか3／5秒で決まるといわれています。この3／5秒で
「感じが悪い」と思われると、自分が言うことなすことすべてマイナスに受けとめら
れてしまいます。

　逆に「感じがいい」と思われると、すべてプラスの印象で好意的に見てもらえる
傾向が強いのです。

　ですから相手と接する場合、その出会いの時の僧侶ホスピタリティスマイルによる
第一印象を大切にしてください。

2. 笑顔の基本動作ステップ

　ホスピタリティスマイルをつくるには、心にゆとりを持ち心の微笑みを目と口で表
現する気持ちで　次のステップに従い実行してください。必ず誰かとペアワークして
ください。

　そしてペアワークまたはグループワークの他者評価をもらい、自己評価と他者評価
の差異を分析し、改善に向けて気づいた点・学んだ点を整理し、トレーニングしてく
ださい。

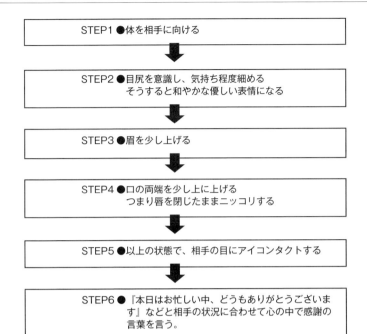

STEP1 ●体を相手に向ける

STEP2 ●目尻を意識し、気持ち程度細める
　　　　そうすると和やかな優しい表情になる

STEP3 ●眉を少し上げる

STEP4 ●口の両端を少し上に上げる
　　　　つまり唇を閉じたままニッコリする

STEP5 ●以上の状態で、相手の目にアイコンタクトする

STEP6 ●『本日はお忙しい中、どうもありがとうございま
　　　　す』などと相手の状況に合わせて心の中で感謝の
　　　　言葉を言う。

≪笑顔≫のチェックシート

基本動作	自己評価	他者評価	改善に向けて気付いた点、学んだ点
①体の向き			
②目の表情			
③眉			
④口もと			
⑤アイコンタクト			
⑥感謝の心が 　こもっているか			
合計			
平均点			

■評価ポイントの算出方法

① 自己評価・他者評価は次のどれかの点数をつけてください

５－良くできている　４－ほぼできている　２－今一歩　１－全くできていない

② 次に合計点と平均点を計算、それぞれの欄に記入してください。

3. 僧侶アイコンタクトの大切さ

　僧侶ホスピタリティアイコンタクトとは、相手の目を見、お互い目線を合わせることです。ニッコリ笑ってホスピタリティアイコンタクトをすると、相手は、自分が信頼されていると思い、安心した気持ちになります。言葉はなくともお互いの心が通い合ったからなのです。しかし、目が合ったにもかかわらず、そのまま知らん顔でいますと、相手は気持ちの通い合いが出来ず、無視されたような不快感をもたれます。

　話をしたりするときもしっかり僧侶ホスピタリティアイコンタクトすることが大切です。僧侶ホスピタリティアイコンタクトがないと、流れ作業で物扱いされたような印象を受けてしまいます。したがって、僧侶ホスピタリティアイコンタクトをして敏感に相手の心を感じとることが大切です。

4. 僧侶アイコンタクトの基本動作ステップ

　相手の動きと表情に注意しながらやさしく僧侶ホスピタリティアイコンタクトし、『いつもお世話になっております』『どうぞよろしくお願いします』など、心の中で感謝、信頼の気持ちを言葉にすることを意識しながら次のステップに従って実行します。必ず誰かとペアワークしてください。

　そしてペアワークまたはグループワークの他者評価をもらい、自己評価と他者評価の差異を分析し、改善に向けて気づいた点・学んだ点を整理し、トレーニングしてください。

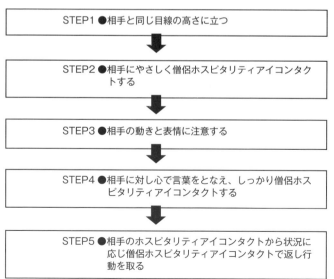

STEP1 ●相手と同じ目線の高さに立つ

STEP2 ●相手にやさしく僧侶ホスピタリティアイコンタクトする

STEP3 ●相手の動きと表情に注意する

STEP4 ●相手に対し心で言葉をとなえ、しっかり僧侶ホスピタリティアイコンタクトする

STEP5 ●相手のホスピタリティアイコンタクトから状況に応じ僧侶ホスピタリティアイコンタクトで返し行動を取る

アイコンタクトを使うことによって、相手の心の変化やいつもと違うことなどをいちはやく察知することができます。

≪アイコンタクト≫のチェックシート

基本動作	自己評価	他者評価	改善に向けて気付いた点、学んだ点
①同じ目線に立つ			
②やさしく　アイコンタクトする			
③動きと表情に　注意する			
④心で感謝・信頼する言葉をとなえアイコンタクトする			
⑤相手の　アイコンタクトに　対しアイコンタクト　で返す			
合計			
平均点			

■評価ポイントの算出方法

① 自己評価・他者評価は次のどれかの点数をつけてください

５－良くできている　４－ほぼできている　２－今一歩　１－全くできていない

② 次に合計点と平均点を計算、それぞれの欄に記入してください

5. お辞儀の大切さ

　挨拶には、必ずお辞儀が伴うものです。お辞儀というのは、頭を下げることによって、その人自身の"こころ"を伝えています。尊敬の念や、他人の立場への思いやり、人の行為を受け入れる感謝の気持ちなどを伝えます。お辞儀はＴＰＯによって使い方があります。相手の状況に合わせてすることが大切です。

会釈	軽く一礼すること。	１５度
敬礼	敬って礼をすること。丁寧にお辞儀をすること。	３０度
最敬礼	最上の敬礼。	４５度

6. お辞儀の基本動作ステップ

　正しいお辞儀をするには、次のステップに従って心を込めて実行してください。
必ず誰かとペアワークしてください。
そしてペアワークまたはグループワークの他者評価をもらい、自己評価と他者評価の差異を分析し、改善に向けて気づいた点・学んだ点を整理し、トレーニングしてください。

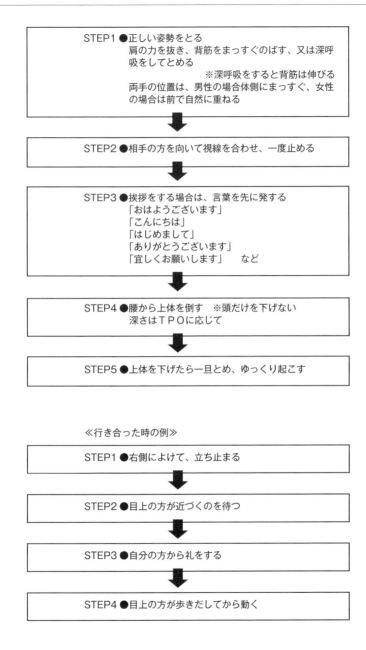

STEP1 ●正しい姿勢をとる
肩の力を抜き、背筋をまっすぐのばす、又は深呼吸をしてとめる
　　　　　※深呼吸をすると背筋は伸びる
両手の位置は、男性の場合体側にまっすぐ、女性の場合は前で自然に重ねる

STEP2 ●相手の方を向いて視線を合わせ、一度止める

STEP3 ●挨拶をする場合は、言葉を先に発する
「おはようございます」
「こんにちは」
「はじめまして」
「ありがとうございます」
「宜しくお願いします」　　など

STEP4 ●腰から上体を倒す　※頭だけを下げない
深さはＴＰＯに応じて

STEP5 ●上体を下げたら一旦とめ、ゆっくり起こす

≪行き合った時の例≫

STEP1 ●右側によけて、立ち止まる

STEP2 ●目上の方が近づくのを待つ

STEP3 ●自分の方から礼をする

STEP4 ●目上の方が歩きだしてから動く

≪挨拶とお辞儀≫のチェックシート

基本動作	自己評価	他者評価	改善に向けて気付いた点、学んだ点
①姿勢			
②目線			
③上体の角度			
④スピード			
⑤言葉と動作の関係			
⑥ホスピタリティの心がこもっているか			
合計			
平均点			

■評価ポイントの算出方法

① 自己評価・他者評価は次のどれかの点数をつけてください

５－良くできている　　４－ほぼできている　　２－今一歩　１－全くできていない

② 次に合計点と平均点を計算、それぞれの欄に記入してください

⑥僧侶ホスピタリティコミュニケーション基本スキル　2

～　檀家、信者様に対する自己紹介と名刺の受け渡し方　～

1. 自己紹介の大切さ

　人と人との良い出会いは、まず自己紹介から始まります。コミュニケーションにおいては、単なる人間関係だけでなく、寺との信頼関係に大きな影響を与えます。
「おはようございます」「いつもお世話になっております」「お身体はいかがですか」とあいさつし名乗れば、檀家さん、信者さんは安心できます。

2. 自己紹介の注意ポイント

1. 大きな声で、はっきりと元気よく
2. まず笑顔で、相手をきっちりと見て
3. 自分の名前はフルネームで紹介する
　〜担当など、コメントを付け加える

3. 自己紹介の基本動作ステップ

　自己紹介は、次のステップに従って心を込めて実行をしてください。誰かとペアワークするとよいでしょう。

　そしてペアワークまたはグループワークの他者評価をもらい、自己評価と他者評価の差異を分析し、改善に向けて気づいた点・学んだ点を整理し、トレーニングしてください。

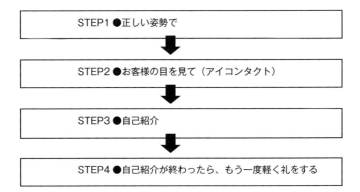

STEP1 ●正しい姿勢で

STEP2 ●お客様の目を見て（アイコンタクト）

STEP3 ●自己紹介

STEP4 ●自己紹介が終わったら、もう一度軽く礼をする

4. 名刺の受け渡し方

◆名刺を渡すときの基本動作ステップ

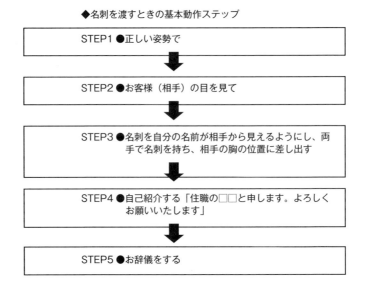

STEP1 ●正しい姿勢で

STEP2 ●お客様（相手）の目を見て

STEP3 ●名刺を自分の名前が相手から見えるようにし、両手で名刺を持ち、相手の胸の位置に差し出す

STEP4 ●自己紹介する「住職の□□と申します。よろしくお願いいたします」

STEP5 ●お辞儀をする

◆名刺を受け取るときの基本動作ステップ

STEP1 ●正しい姿勢で

↓

STEP2 ●お客様（相手）の目を見て

↓

STEP3 ●両手で名刺を受け取る 「頂戴いたします」

↓

STEP4 ●お辞儀をする

↓

STEP5 ●名前を記憶する 読めない場合には 「失礼ですが、お名前はどのようにお読みすれば よろしいのでしょうか」 とその場で尋ねることが大切

↓

STEP6 ●いただいた名刺は名刺入れに入れ、内ポケットに しまうかテーブルの上（右手前）に置く

≪自己紹介≫のチェックシート

基本動作	自己評価	他者評価	改善に向けて気付いた点、学んだ点
①正しい姿勢			
②アイコンタクト			
③笑顔			
④お世辞			
⑤自己紹介			
⑥もう一度軽く礼			
⑦心がこもっているか			
合計			
100 点換算			

■評価ポイントの算出方法

① 自己評価・他者評価は次のどれかの点数をつけてください

5－良くできている　　4－ほぼできている　　2－今一歩　1－全くできていない

② 次に合計点を出し、100 点満点の場合の点数を計算、「100 点換算」の欄に記入してください。

≪名刺を渡すとき≫のチェックシート

基本動作	自己評価	他者評価	改善に向けて気付いた点、学んだ点
①正しい姿勢			
②アイコンタクト			
③渡し方			
④お世辞			
⑤自己紹介			
⑥心がこもっているか			
合計			
100 点換算			

■評価ポイントの算出方法

① 自己評価・他者評価は次のどれかの点数をつけてください

5－良くできている　　4－ほぼできている　　2－今一歩　1－全くできていない

② 次に合計点を出し、100 点満点の場合の点数を計算、「100 点換算」の欄に記入してください。

≪名刺を受けるとき≫のチェックシート

基本動作	自己評価	他者評価	改善に向けて気付いた点、学んだ点
①正しい姿勢			
②アイコンタクト			
③受け取り方			
④お世辞			
⑥心がこもっているか			
合計			
100 点換算			

■評価ポイントの算出方法

① 自己評価・他者評価は次のどれかの点数をつけてください

5－良くできている　　4－ほぼできている　　2－今一歩　1－全くできていない

② 次に合計点を出し、100 点満点の場合の点数を計算、「100 点換算」の欄に記入してください。

⑦僧侶ホスピタリティコミュニケーション基本スキル　3

～　お客様のニーズを聞き取るホスピタリティリスニングの方法　～

1. 僧侶ホスピタリティリスニングの大切さ

　「私は話すのが苦手で・・・」というのをよく耳にしますが、「聞くのが苦手」というのはあまり聞いたことがありません。しかし、上手に話すのは難しいが、聞くのは簡単だと思っていたら、大間違いです。相手のニーズや要望を上手に聞くことのほうがはるかに難しいのです。

　なぜなら、相手の話をただ黙って聞いているだけでは、本当に聞いていることにはならないからです。また、「聞き流す」や「聞いてあげている」のも正しい聞き方とは言えません。「聞く」というホスピタリティコミュニケーション行為は、相手が何を考え、何を感じているのか、そしてそれはなぜなのかを「正確に理解」してはじめて聞いたことになるからです。「聞き上手」になれば、相手は信頼し本音を語ることができます。そして、相手は何かあったらこの人に聞いてもらいたいと思うものです。そうした「聞き上手」になるための手法を僧侶ホスピタリティリスニングといいます。

　相手のおっしゃっていることを親身になって真剣に聞き、理解しようとする態度や姿勢を身につけ、実践することがホスピタリティリスニングの大切さです。

2. 僧侶ホスピタリティリスニングのチェックポイント

- 自分の考えにとらわれない
- 言葉の裏にある相手の気持ちまで聞く
- 質問などを通じて確認する
- 会話の節目や終わりには自分の考えをフィードバックする
- 非言語（言葉以外のメッセージ）を相手に送る

3. 僧侶ホスピタリティリスニングの基本動作ステップ

　次のステップに従って心を込めて実行してください。必ず誰かとペアワークしてください。

　そしてペアワークまたはグループワークの他者評価をもらい、自己評価と他者評価の差異を分析し、改善に向けて気づいた点・学んだ点を整理し、トレーニングしてください。

STEP1 ●アイコンタクト
　アイコンタクトとは「視線の一致」のことです。
　視線の合わせ方や時間の長さで相手がどれだけ好意的に話をしてくれるかがわかります。やわらかい視線で相手を見ながら聞きます。

STEP2 ●相づち
　相手の話の内容に同意したり、共感したりしたときにはその気持ちをはっきり表します。うなずきや「なるほど、そうですね」といった言葉で共感を示します。

STEP3 ●繰り返す
　相手が最も伝えたいことや重要な内容については、「〜ですね」と相手の言葉を繰り返し、話を受け止めているということを相手に伝えるようにします。

STEP4 ●言い換える
　「〜という意味でよろしいのでしょうか？」と、相手が言ったことを自分の言葉や解釈に置き換えて確認します。

STEP5 ●時々、質問する
　ただ一方的に聞いているだけではなく、不明な点やわかりにくかった点については、必ず確認の質問をして理解を深めます。

STEP6 ●話の腰を折らない
　話の途中で口をはさんで、話の内容が変わってしまうことがよくあります。こうした場合、相手は言い足りない不満を残してしまうので、相手の話は最後まできちんと聞き、話の腰は折らないように注意します。また、相手の考えを先読みして、先に言わないようにするのも相手に対する配慮です。

STEP7 ●注意をそらさない
　聞きながら、相手以外のところに視線を送ったり、時計に目をやったりすると、聞いていないと思われたり話を早々に切り上げたいのかと思われたりします。

《僧侶ホスピタリティリスニング》のチェックシート

基本動作	自己評価	他者評価	改善に向けて気付いた点、学んだ点
①アイコンタクト			
②相づち			
③繰り返す			
④言い換える			
⑤質問する			
⑥話の腰を折らない			
⑦注意をそらさない			
⑧気持ちや本音を聞くことができる			
合計			
平均点			

■評価ポイントの算出方法
①自己評価・他者評価は次のどれかの点数をつけてください
５－良くできている　４－ほぼできている　２－今一歩　１－全くできていない
②合計点と平均点を計算、それぞれの欄に記入してください。

⑧僧侶ホスピタリティコミュニケーション基本スキル　4

〜　信頼を与えるわかりやすいホスピタリティトーキング　〜

1. 話し方の大切さ

　話をすることは、人間関係をつくる最も重要なことですが、話は話しをする人と聞く人がいて成立するものです。

　ちょっとしたひと言によって、人の心は変化します。そしてその変化は、その話をした人に対する好き嫌いの感情にストレートにつながっていきます。自分のホスピタリティトーキングに気をつけて、心配りの行き届いた僧侶ホスピタリティトーキングができるよう、日頃から意識して訓練することが大切です。

2. 僧侶ホスピタリティトーキングの注意ポイント

STEP1 ●同じ目の高さで話す
　　　　と、相手はとても話しにくいものです。どんな時でも話をする時には、同じ高さに目線を置くことが大切です。

STEP2 ●相手を見るのは"ブラウン管"サイズの範囲で
　　　　テレビのニュースキャスターが話しているときの、画面を見ているつもりで話しましょう。

STEP3 ●表情豊かに笑顔を忘れずに
　　　　柔らかなほほえみをたたえ、優しい気持ちで顔を見ることが大切です。

STEP4 ●話はできるだけ簡潔に分かりやすく
　　　　大切なのは話の内容が要領よくまとまっていることです。一つのテーマを４５秒以内でまとめると話がわかりやすくなります。

STEP5 ●明るく話す
　　　　歯切れの良い言葉で、誠意を持って早口にならないよう、落ち着いて話しましょう。同じ内容を伝えるにしても響きをやわらかくします

STEP6 ●外来語、仏教用語は極力避けて
誰が聞いても分かりやすいことが求められます。

STEP7 ●言葉の言い終わりを丁寧に
日本語は最初が多少ぞんざいでも、言い終わりが丁寧だと、良く聞こえるもの
です。上下関係でも敬語の使い方は別として、言い終わりを丁寧にするという
原則を忘れないようにしましょう。

STEP8 ●自分のことを「わたくし」と表現
"わたくし"を使うと言葉遣い全体が変わり、ホスピタリティトーキングとして立
派なものになります。

STEP9 ●最近の"流行り言葉"は使わない
「ヤバイ」「ウザい」「イケてる」「〜じゃん」など、場所や相手にもよりますが、
プロフェッショナルの会話においては感じの良い言葉ではありません。不快感
を抱かせる言葉はできるだけ避けたほうが、誤解を招きません。

■第一印象を決める要因

1. 信頼されるあいづち
   タイミングよく、うなずきながら。明るく、ハキハキと。
2. 話を引き出すあいづち
   具体的には、スラスラ言葉が出てこない人でも、「なるほど」「そうですか」
   など引き出し言葉を使い、そこから話しやすいようにする。
3. 相手の話を受け止めるあいづち
   話を復唱し確認する。

3. 僧侶ホスピタリティトーキングの基本動作ステップ

話をする際には、次のステップに従って心を込めて実行してください。

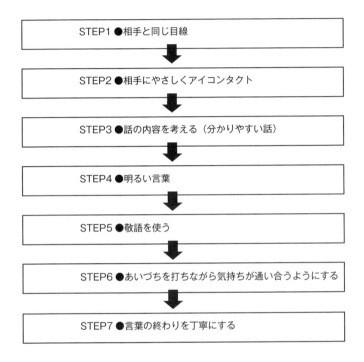

そしてペアワークまたはグループワークの他者評価をもらい、自己評価と他者評価の差異を分析し、改善に向けて気づいた点・学んだ点を整理し、トレーニングしてください。

4. 僧侶ホスピタリティトーキングに大切な敬語の種類と使い方

　敬語が正しく使えることは、大きな信頼感につながります。敬語感覚を磨きましょう。

種類	使い方	用法	例
尊敬語	相手および相手に関する 人の動作や持ち物を 高めて言う言葉	〜れる 〜られる お〜になる	書かれる 来られる お聞きになる
謙譲語	自分や自分に関係のある 人について へりくだって言う言葉	〜させていただく お〜する ご〜申し上げる	待たせていただく お知らせする ご案内申し上げる
丁寧語	相手に敬意を表すために 丁寧に使う言葉	〜です 〜ます 〜ございます	さようです 思います さようでございます

常体から敬体への言い換えをすることで、取引き先に失礼のない言葉づかいができる。

常体	敬体	常体	敬体
自分の会社	私ども／弊社	取引き先の会社	御社／貴社
誰	どなた	さっき	さきほど
ちょっと	少々	こっち	こちら
そっち	そちら	このあいだ	先日
どこ	どちら	あとで	のちほど

普通語	尊敬語	謙譲語
言う	おっしゃる	申す、申し上げる
見る	ごらんになる	拝見する
聞く	お聞きになる	伺う、拝聴する
行く(訪ねて行く)	いらっしゃる	参る、伺う
来る	いらっしゃる	参る、伺う
する	なさる	いたす
いる	いらっしゃる	おる
知っている	ご存知でいらっしゃる	存じる、存じ上げる
食べる	召し上がる	いただく
会う	お会いになる	お目にかかる

5. 僧侶ホスピタルクッション言葉

　会話をより心地よく柔らかく印象づけるために「ホスピタルクッションワード」
があります。
　「恐れ入りますが」「失礼ですが」といった言葉を会話の中に入れることで非常に
耳あたりのよい会話が生まれます。

■僧侶ホスピタリティクッション言葉の例

・恐れ入りますが
・失礼ですが
・申し訳ございません
・あいにくですが
・おさしつかえなければ
・お手数をおかけいたしますが
・大変勝手で恐縮ですが
※ただし、必要以上に多用するのは日本語としても不自然であり、相手が不快に感じ
ることもあるので注意しましょう。

《僧侶ホスピタリティトーキング》のチェックシート

基本動作	自己評価	他者評価	改善に向けて気付いた点、学んだ点
①同じ目線			
②アイコンタクト			
③わかりやすい話の内容			
④明るい言葉			
⑤敬語			
⑥相づち			
⑦言葉の終わりを丁寧に			
⑧心がこもっているか			
合計			
平均点			

■評価ポイントの算出方法

①自己評価・他者評価は次のどれかの点数をつけてください

５－良くできている　４－ほぼできている　２－今一歩　１－全くできていない

②合計点と平均点を計算、それぞれの欄に記入してください。

（4）僧侶としてのストレスケアアドバイス基本スキル

①社会人のストレス状況

1. 増える労働者ストレス

　競争社会の到来により、過度な成果主義・絶対評価の導入によって職場がギスギスしたり、グローバル化やIT化が進むなか、社会人のストレスは日々増加しています。ストレスが原因で健康を害したり、仕事に支障をきたす割合が増し企業はストレス対策の重要性の認識が高くなっています。

　厚生労働省が5年ごとに行っている「労働者健康状況調査」から2012年の社会人の抱えるストレス状況をみると、グラウ1のように60.9%の人が現在の仕事や職業生活に関することで強い不安、悩み、ストレスとなっていると感じる事項があると答えています（前回2007年調査では58.0%で2.9ポイント増加）。

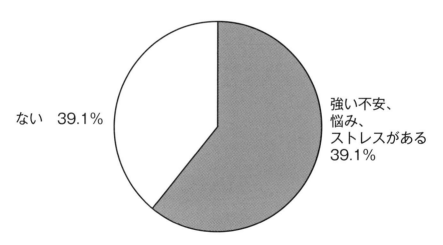

グラフ1：強い不安、悩み、ストレスがある人・ない人の割合（%）

　また、その原因は、男女ともに1位「職場の人間関係の問題」2位「仕事の質の問題」3位「仕事の量の問題」となっています（グラフ2）。

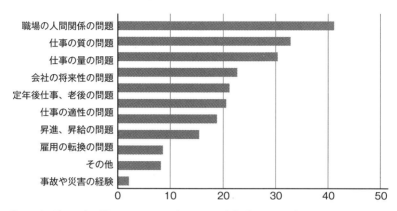

グラフ2：強い不安、悩み、ストレスとなっている内容（3つまで%）

2. 心の問題を抱える労働者が増加している

　次に、現在の自分の仕事や職業に関する不安、悩み、ストレスについて「相談できる人がいる」とする労働者の割合は、男性で87.2%、女性では93.4%に達しています。そして相談する相手の内訳は、男女ともに1位の「家族・友人」（86.7%）に続き、2位が「上司・同僚」（73.5%）となっていて、特に2位の上司・同僚は前回2007年調査に比べて8.0ポイント増加しています。（表1）家族・友人が高いことは分かりますが、やはり仕事のことですので職場の上司や同僚が相談相手となっていて、その傾向が強まっていることが分かります。

区分	相談できる人がいる	相談できる相手（※複数回答、相談できる人がいる＝100）							相談できる人がいない
		上司・同僚	家族・友人	商業医	産業医以外の医師	保健師又は看護師	衛生管理者又は衛生推進者等	カウンセラー等	
平成24年計	90.0	73.5	86.7	8.3	5.2	4.8	2.5	4.3	10.0
男性	87.2	74.8	82.8	11.0	6.1	5.2	3.0	4.7	12.8
女性	93.4	72.0	91.3	5.2	4.2	4.4	2.0	3.9	6.6
20〜29歳	94.0	73.3	93.6	4.0	3.0	2.2	1.3	3.9	6.0
20〜29歳	92.9	79.0	90.5	7.5	2.9	3.1	1.0	3.5	7.1
20〜29歳	90.8	73.7	83.0	10.4	6.3	5.3	1.7	4.3	9.2
20〜29歳	86.4	69.6	83.3	10.3	7.3	7.9	4.6	5.3	13.6
20〜29歳	78.7	63.8	76.8	8.3	5.5	6.6	2.5	2.1	23.6
平成19年計	89.7	65.5	85.8	3.3	2.7	2.1	0.8	1.5	28.3

資料出所：厚生労働省「労働者健康状況調査」2012

　また、独立行政法人労働政策研究・研修機構が2010年に実施した「職場におけるメンタルヘルスケア対策に関する調査」では6割弱（56.7%）の事業所でメンタルヘルスに問題を抱えている正社員がいるとしており、そのうち3割強（31.7%）の事業所は3年前に比べてその人数が増えたとしています。また警察庁発表の自殺者数の統計では、2012年以降自殺者は全国で3万人を下回りましたが、被雇用者・勤め人の割合は自営業者に比して3倍以上となっています。

　2011年厚生労働省は、過重労働やサービス残業など労務問題からの症例も多い職場でのうつ病や高齢化に伴う認知症の患者数が年々増加したため、がん、脳卒中、急性心筋梗塞、糖尿病の4大疾病に、新たに精神疾患を加えて「5大疾病」とする方針を決めました。

3. ストレスによる健康障害のメカニズム

　職場（または家庭）での人間関係に悩まされたり、長時間労働、過度な責任を負わされるなどの外部からの負担やプレッシャーが、ストレスの要因であるストレッサーです。そしてストレッサーに直面して生じる、不安・不満・怒り・悲しみといったさまざまな感情が、脳内の神経伝達物質によって引き起こされます。これは一種のストレスへ対処行動ですが、神経伝達物質の伝達や作り出し方がうまくいかなくなれば、うつ病などのメンタルヘルス不調が生じます。内分泌系、自律神経、免疫系は、私達人間の生命を守り、通常の身体活動を維持するのに重要な役割を担っています。しかし急な強いストレスや持続的な慢性ストレス状態では、これらの機能がうまく働かなくなって心身のバランスを崩し、様々な病気につながっていくのです。

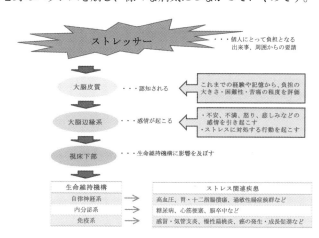

4. 注意すべきストレス要因

　厚生労働省労働基準局は、平成23年12月に労災保険の「心理的負荷による精神障害の認定基準」を策定しています。

■　心理的負荷の強度が「強」とされる具体的出来事

　厚生労働省労働基準局「心理的負荷による精神障害の認定基準について」の判断指針「別表1」より一部抜粋修正

出来事の類型		具体的内容
業務上の 心理的負荷	事故や災害の体験	重度の病気やけがをした
	仕事の失敗、過重な責任の発生等	・業務に関連し重大な人身事故、重大事故を起こした ・会社の経営に影響を与える重大な仕事上のミス
	役割・地位の変化等	退職の強要
	対人関係	ひどい嫌がらせ、いじめまたは暴行を受けた
業務以外の 心理的負荷	自分の出来事	離婚、夫婦別居、重い病気やけが
	自分以外の家族・親族に関する出来事	・配偶者・子ども・親または兄弟の死亡 ・配偶者・子ども・親または兄弟の重篤な病気・けが ・親類の誰かが世間的にまずいことをした
	金銭関係	多額の財産の消失、突然の多額の支出
	事件、事故、災害の体験	天災・火災などに遭遇、犯罪に巻き込まれた

5. 主なストレス反応

反応の種類	内　　容
身体面の反応	動悸、冷や汗、顔面紅潮、胃痛、下痢、手の震え、筋緊張による頭痛・頭重感、疲労感、食欲低下、不眠、めまい、ふらつき　など
心理面の反応	不安、緊張、怒り、イライラ、興奮、混乱、落胆、短気、抑うつ、無気力、不満、退職願望、憂鬱　など
行動面の反応	回避、逃避、遅刻、欠勤、ミス（エラー）、アクシデント、口論、けんか、飲酒量や喫煙量の急増、作業能率の低下、やけ食い、生活の乱れ　など

6. ストレス増加の背景

　ストレス増加の背景にはどのようなことがあるでしょうか。それには企業間競争の激化や、それにともなう急速な社会構造の変化に伴う働く環境の変化があるでしょう。

　①企業間競争の激化

　　　・グローバル化

　　　・急速な技術革新

　　　・情報化の進展

　②急速な社会構造の変化に伴う働く環境の変化

　　　・年功制や終身雇用の崩壊

　　　・成果主義の導入や個人主義の進展

　　　・過ぎたマネジメント教化によるパワーハラスメント

　　　・対人関係スキルの乏しい新入社員や若手社員の増加

　　　・組織への忠誠心や仕事へのコミットメント低下

　　　・リストラや組織改革による業務量増加

　③労働負荷が質的・量的に増え、従業員のストレスが増加

　　　特に顕著と思われるセクション例

　　　・情報システム関連部門（システムエンジニアなど）

　　　・研究開発部門

　　　・企画部門

　　　・営業販売部門・・・ほか

7. ストレスによるメンタルヘルス不調の症状

　メンタルヘルス不調の中で特に多いのがうつ病（うつ症状）です。メンタルヘルスケアを行う上でうつ病の症状やポイントを正しく理解することが大切です。

　うつ病の症状が2週間以上継続し、日々何気なく繰返していた行為がつらくなってきた場合は、うつ病が疑われます。当初は全身の倦怠感、頭重感、食欲不振などの身体症状が自覚されるため、本人は「身体の病気」と考える傾向があります。

②うつ病の症状の特徴

1. 状態と特徴

状　態	特　徴
主な症状	憂鬱 ·不安 ·おっくう ·無気力
目覚めると…	・一般的な起床より、かなり早く目が覚める ・朝の気分がひどく重く、憂鬱である ・朝刊（新聞）やニュースなどを見る気になれない ・出勤の身支度がおっくうである
仕事上の問題	・特に午前中は仕事に取り掛かる気にならない ・根気が続かなくなる、疲れやすい ・決定事項の判断、決断ができなくなる ・ミスを指摘されると、人格を否定されたように思い込む ・気軽に人と会って話すことができなくなる、わずらわしい ・不安でイライラする ・仕事を続ける自信や仕事に対する展望がもてなくなる
生活上の変化	・以前好きだったことがつまらなくなる、興味がなくなる ・昼過ぎ（夕方）までは気分が重い、沈んでいる ・「消えてしまいたい」「いなくなりたい」と思うようになる
身体上の不調	・眠れない（眠った気がしない）、レム睡眠が続く ・何もしていなくてもひどく疲れる、からだが重い ・頭痛がする、頭が重い ・食欲が低下する（食べる気がしない） ・性欲が減退する ・口が渇く

2. うつ病への対応のポイント

＊療養中… ・休養と服薬による心理的疲労回復が治療の中心

・業務から完全に解放されることが必要

・多くの場合、数か月間（3～6か月）は自宅療養が必要

＊復職後… ・最低6か月程度は通院・服薬を継続することが必要

・上司からの支援などにより、ストレスを少しでも緩和する工夫が必要

3. うつ病以外の症状

●躁うつ病（躁状態）…日本では人口の 0.5％前後の発症率

状　態	特　徴
初　　期	・睡眠時間が減少しているのに活動性は高まる ・抑制や配慮に欠ける言動の結果、尊大で横柄な態度になる ・大きな声でよくしゃべり、内容も非現実的で誇大な傾向になる
進行すると …	・軽いレベルでは、バイタリティあふれる仕事熱心な人とみなされる ・活動的である一方、パフォーマンスは著しく低下し、周囲に迷惑をかける状況となる ・症状が進行しても「自分が病気である」という認識が薄いことが多い

●総合失調症…日本では人口の0.8％前後発症が見られ、10 代後半～30 代前半の若年者に発症しやすい

状　態	特　徴
陽性症状	・幻覚（幻聴や幻視など） ・妄想（明らかに間違った考えや、客観的に受け入れられない状況に強い確信を持ってしまう） ・思考が混乱し、考え方に一貫性がなくなってしまう
陰性症状	・喜怒哀楽の表現が乏しくなる、感じなくなる ・他者に共感できなくなる、周囲への関心が低下 ・思考が貧困化し比喩などが理解できない ・コミュニケーション障害、意欲・自発性の欠如、引きこもり傾向

●アルコール依存症の症状…飲酒時の非常識行動、飲みすぎが原因の遅刻・欠勤、出勤時のアルコール臭など

状　態	特　徴
精神依存	・毎日飲まずにはいられない ・朝や仕事中など、一般的な時間概念に関係なく飲んでしまう
進行すると …	・アルコールが切れると手の震え、冷や汗、イライラ、眠れないなどが現れる

●パニック障害の症状…動悸、めまい、息苦しさ、非現実感など突然起こる不安発作が繰り返される

状　態	特　徴
特　徴	・身体検査でも呼吸器系、循環器系、脳神経系などには明らかな異常所見は認められない ・電車に乗ったり、人の多い場所に外出することが困難になる 　（外出恐怖、広場恐怖）
心　理	・強烈な不安感…このまま死んでしまうのではないか ・予期不安………また同じように発作が起こるのではないか

●適応障害の症状…不安、憂鬱な気分、行為障害（無断欠勤・けんか・無謀運転など）が現れ、仕事や日常生活に支障をきたす

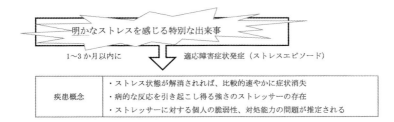

●睡眠障害の種類と症状…睡眠の問題や日中の眠気の問題が1カ月以上続くと脳の高次機能低下（注意力、集中力、問題処理能力など）を招く。また身体疾患、精神疾患とも関連する

状　態	特　徴
不眠症	・週3回以上眠れない状態が1か月以上にわたり継続する ・本人が苦痛を感じたり、社会的（職業的）活動に支障をきたす
過眠症	・日中に我慢できない眠気が襲い、通常では考えられない状況下で突如発作的に眠ってしまう（試験中・対談中・講演中・プレゼン中など） ・代表的なものに、ナルコレプシー(*) がある (*)・睡眠発作・情動性脱力発作・睡眠麻痺・入眠時幻覚などの症状を伴う
概日リズム睡眠障害	・個人の睡眠覚醒リズムと、社会生活時間帯との大きなずれで生じる ・時差症候群や交代制勤務による睡眠障害、睡眠相後退症候群 (*) などがある (*) 明け方にならないと眠れず、昼過ぎに起床する
睡眠関連呼吸障害	・睡眠中の呼吸障害により発症する ・代表的なものに、睡眠時無呼吸症候群 (*) がある (*) 睡眠中に10秒以上連続して呼吸しない状態が反復して認められる症状

③ストレスケアアドバイス方法

1. リラックス環境づくりをアドバイスする

　心身をリラックスさせることでストレス軽減を図るものとして、リラクセーションがあります。リラクセーションを行う時の共通ポイントは、次のとおりです。
・楽な姿勢と服装で行う
・静かな環境で行う
・イメージや音楽など心を向ける対象をつくる
・受動的態度で行う
　リラクセーションには様々な方法がありますが、代表的なものは呼吸法、瞑想法、漸進的筋弛緩法、自律訓練法などです。その他にも、音楽、ヨガ、アロマテラピーなどもありますが、自分に合うものを見つけて実践することが大切です。
　ここで瞑想法について少し説明しましょう。瞑想と言うとどうしてもアレルギー反応を持たれる方もいらっしゃいますが、今から10年以上前の2003年8月のTIME誌の巻頭特集に瞑想の科学として取り上げられ、瞑想による脳や脳波の変化が科学的に分析されるなど、欧米では市民権を得ています。「七つの習慣」の著書であるスティーブン・コヴィー氏も、ビジネスマンにとっても大きな価値があると勧めていますし、アップル創業者のスティーブ・ジョブズ氏も「瞑想をすると直感が花開く」と言っています。
　その一つに、たとえばヴィッパサナー瞑想法という「心の気付き」の瞑想法があります。これは原始仏教の瞑想法です。お釈迦様（ブッタ）が悟りを開いた時に行った瞑想法と言われています。
　「ヴィッパサナー」という言葉の意味は「詳しく観察する」という意味です。仏教では人間の本質を「無常・苦・無我」の角度から観察し洞察し解釈の方法を修行します。つまりヴィッパサナー瞑想により心の気付きを観察し、洞察し、修行をします。

ヴィッパサナー瞑想法	サマタ（三昧、禅定）瞑想法
「現在の瞬間の事実に気付く」事に集中するため一切の思考や判断を差し挟まず、 ⇒　見たものを「見た」 ⇒　聞いたものを「聞いた」 ⇒　感じたものを「感じた」 と一つ一つの内語で言語にし、確認（ラベリング）し、事実だけに気付いていく方法 （誰でも真剣に取り組めばできる）	一点集中型瞑想で、反復される言葉やイメージなどの瞑想対象に心と意識を集中し、最終的にその対象と合一する 深い集中状態を目指す方法 （難しいのでプロ向き）
脳の暴走をくいとめ、脳神経の動きが煩悩や欲望に左右されず、あれやこれや考える事なく、気付いた事実のみに集中するため、心の悩みや不安や恐れなど妄想状況に陥る事が防げる 一瞬一瞬ありのままの事実に気付くことによって、妄想の世界、すなわち煩悩の世界を捨てていく瞑想法	弘法大師空海が実践した虚空像求聞持法（虚空像菩薩の真言「ノーボアアカシャキャラバヤホンアハキャマリンボウソウカ」を唱え意識を集中し、10万回唱えるとどんな仏典でも暗誦できる超記憶力を修得した方法など

2. 失敗したり落ち込んでストレスを感じる時には・・・

ストレス改善のためのプラス言葉活用法をアドバイスする

　私たち人間（ヒト）は、言葉の動物です。人間（ヒト）が他の動植物と決定的に違うのは、言葉を発明し、それを進化させ、言葉によって物事を数え、言葉によって子供を育て、言葉によって意思や思いを伝え、言葉によってお互いに理解しあい、人間社会を作っていることです。

　そこで大切なことは、私たちは既に幼いころから親や周囲の人達を通して物事や言葉の関連、そしてそこに含まれる感情的・感性的なものまで学んでいるということです。善悪や愛、憎しみ、失望、悲しみ、喜び、正しさ、間違い、価値、不価値など、あらゆるものについて言葉を通して教えられてきました。したがって、ある言葉とイメージは、すでに頭の中、つまりは脳細胞の中では関連しているのです。言葉を聞いたり、話したりするとただちに一人ひとりが今までの体験・経験の中からイメージを描くため、描かれる内容は人によってそれぞれ微妙に違うのです。たとえば、愛とはどんなものかをきくと、人によってさまざまな答えが返ってきます。

　このように人間は年を重ね、人生経験を積み重ねる度に、1つの愛についても色々な考え方・捉え方をし、イメージは違ってくるものです。我々は言葉というもので自らもコミュニケートし、コントロールしています。言葉によってイメージ化し、イメージ化したことを言動に表しているのです。

　プラス思考だとか、マイナス思考だとか、あの人は明るい人だとか、根暗な人だとかいう言い方がありますが、よく観察して見ますと、プラス思考の人は日常の言葉の使い方もプラス言葉になっています。「〜したい、〜するぞ、大丈夫、できる、絶対に成功する！」など未来へ向けて希望に満ちた、決断の意思あるプラス思考の言葉を使っています。

　反対にマイナス思考の人は、「不安だ、ダメだ、上手くできない、〜になったらどうしよう、〜に自信が無い・・・」など未来に向けて否定的、不安的で自分の意志の無いマイナス言葉が多いのです。つまり、プラス思考とかマイナス思考とかは、その人の使う言葉次第ということなのです。いつも明るい人は明るい言葉を使い、明るいイメージで過ごしています。しかし反対に、いつも根暗な人は、暗い言葉を使い、暗いイメージで生活しています。

　ところが脳の中ではプラス思考もマイナス思考も、明るい、暗いという事で判断しているのではありません。言葉によって、今まで培われてきたイメージにスイッチするだけです。したがって、明るい言葉を使えばすぐに明るいイメージにスイッチし、反対に暗い言葉を使うとすぐに暗いイメージにスイッチされます。簡単に言えば、言葉の持つイメージ通りに、我々は感じたり、理解したりしているのです。

　ストレス防止や対策には何よりもまずプラス言葉を使い、明るいイメージを書くことが大切です。

　特に人と人の関係で成り立っている我々人間社会は、言葉と言葉で成り立っているのです。言葉の使い方次第で、人間社会は良くも悪くもなります。自分らしい生き方、人間らしい生き方、よりよい社会づくり、それは何も難しく考えるより、より愛のある、思いやりのある、そして前向きな言葉を多く使うことにより、ストレスに対応できるようになります。

ストレス改善言葉		ストレス促進言葉	
1．癒し言葉	6．やる気言葉	1．不安言葉	6．非難言葉
2．慰め言葉	7．丁寧言葉	2．不満言葉	7．傷付言葉
3．感謝言葉	8．感激言葉	3．不信言葉	8．攻撃言葉
4．お願い言葉	9．ごめんね言葉	4．否定言葉	9．怒り言葉
5．Yes 言葉	10．大丈夫言葉	5．No 言葉	10．命令言葉

人生でのマイナス時に対処するための人生プラス言葉づくり

	現在どのような 意識・気持ちで	現在どのような 言葉と態度で	改善意識と 改善態度方法
ストレス時			
不安時			
不眠時			
食欲不振時			
運動不足時			
仕事（勉強） 不振時			
ヤル気不振時			
トラブル時			
失望時			
失意時			
難題難問時			
病気時			
倦怠時			
不仲時			
入院時			
死別時			

3. さまざまなストレスで疲れを感じる、体調不良でストレスを感じる時には・・・
リラックス呼吸法をアドバイスする

　私たちは、ストレス状態が長く続くと脳内ホルモンの分泌は悪くなり、自律神経にバランスを欠き、食欲を無くしたり、過食になったりします。さらに、動機やめまい、不眠症なども起こります。この症状が、世に流行している自律神経失調症なのです。更に詳しく言えば、自律神経には五つの経路があります。消化器系・呼吸器系・循環器系・免疫系・ホルモン系です。ストレス状況が長く続き、自律神経がひどく病んでくると免疫系やホルモン系に支障をきたし、病気になり易くなります。また病気になっても回復しにくくなるのです。癌の原因はストレスと言われるのもこの為です。免疫系やホルモン系が悪くなると癌細胞のスイッチが入ると言われています。これほどまでにストレスの影響を受けるのです。

　$\alpha \cdot \theta$波の環境作りは、β波のストレス環境から抜け出すための方法です。なぜなら$\alpha \cdot \theta$波環境は、心と体のリラックスした状況を作り出し、自律神経の五つの経路も自然の状態に戻り、その人らしい状況を作り出します。そのために新陳代謝も円滑に行われ、疲れも取れるのです。

　では$\alpha \cdot \theta$波環境とは、どのような環境でしょう。それは、心も体も「ぽーっ」としている状況や没頭している状況です。「ぽーっ」としている時と没頭している時の脳波を測定すると、$\alpha \cdot \theta$波状況になっていることがわかります。「ぽーっ」としている状況とは、お風呂に入ってゆっくりしている時、眠る前に目を閉じ何か楽しい事を思い浮かべている時、そして朝目覚める前のまどろみの状況の時などです。没頭している時とは、何か楽しい好きな事に夢中になって時間を忘れている時です。好きな絵を描いたり、音楽を聴いたり、恋人といる時はあっという間に時間が過ぎてしまいます。こうした時には、脳内ホルモンがよく分泌され、心身ともに自然になっている状況です。楽しいこと、好きなことには脳内ホルモンが分泌されます。つまり、没頭できるのです。ですから何をするにしても好きだ、と思って取り組むことです。

　とにかく何もしないで「ぽーっ」とする時間を、5分でも持つことです。何もしないで目を閉じて、呼吸を整える（丹田（＝おへその下あたり）で呼吸する）ことだけでも、充分に$\alpha \cdot \theta$波の状況は作り出せます。電車の中でも、トイレの中でも、嫌なことやストレスを感じたら行ってみてください。そして休日の朝の目覚めの時にはベッドの中で、しばらくゆっくりとまどろみを楽しんでみてください。また疲れた時にはゆっくりお風呂も良いでしょう。

■自分にとってのリラックス環境づくりシート

好きな場所・時間	ゆったりできる場所・時間	楽しく過ごせる場所・時間

4. 将来が不安で夢や目標が持てず、ストレスを感じる時には・・・
楽しくなる AIDMA イメージ法でアドバイスする

　私たちが何かしたいと考える場合に、いろいろな事から刺激を受けたことをきっかけに、自分の希望、やりたいことなどを将来に向けてイメージします。これは別な言葉で言い換えると〝楽しいイメージ＝夢〟と言えます。楽しいイメージ＝夢を描くことは、すなわち将来こうしたい、ああしたいという想いを具体的にビジュアル化し言語化することです。このビジュアル化が明確になればなるほど、具体的な楽しいイメージ＝夢へ向かって行動に移せるのです。夢が漠然としたイメージの段階では、脳神経細胞から自律神経そして運動神経へ指令がうまく伝わらず、意欲があっても具体的な行動には移れません。それは自分の描いたイメージ以上の行動はとれないようになっているからです。

　そこでAIDMAの考え方を使うと、今まで以上に楽しいイメージ化が行い易く、言語化が促進され、具体的に行動に移せるようになります。そして、脳は活性化し、自分のイメージに向かう生き方ができるようになります。ＡＩＤＭＡイメージは私たち人間が行動する時、以下のＡＩＤＭＡのプロセスを経るという認知心理学のひとつと言えるでしょう。

| A | ・・・ | Attention「注目」 |

A　　　・・・　　Attention「注目」
I　　　・・・　　Interest「興味」
D　　　・・・　　Desire「期待」
M　　　・・・　　Memory「状況判断」
A　　　・・・　　Action「行動」

　人間は行動する時、何かに「注目」し、「興味」を抱き、「期待」をし、「判断」して、「行動」しています。
　ＡＩＤＭＡイメージは、このＡＩＤＭＡステップを１つずつ順番に具体的にイメージし、言語化することなのです。

　①自分の楽しいイメージの何に「注目」したいのか、
　②自分の楽しいイメージの何に「興味」を抱いているのか
　③自分の楽しいイメージの何に「期待」しているのか
　④自分の楽しいイメージをどう「判断」したいのか
　⑤自分の楽しいイメージに向かって、どう「行動」したいのか

　以上の事をステップを追って具体的にイメージし、言語化します。そうする事でその楽しいイメージは、単なるイメージではなく、自分自身の本当の楽しいイメージとして感じられ、脳から具体的な意識（やる気）と、行動指令が出るのです。
　では、将来が不安で自信が持てず、先を考えると落ち込む場合など、次のAIDMAイメージシートにより自分のしたいイメージを分析し、具体的イメージに変換してください。

楽しいイメージの内容		
楽しいイメージの 何に注目しているか 【A】		
楽しいイメージの 何に興味を持っているか 【I】		
楽しいイメージの 何を期待しているのか 【D】		
楽しいイメージの 何に価値を感じるか 【M】		
楽しいイメージの 実現に向けて何を実行するか 【A】		

5. 失敗が多くて自信が持てず、ストレスを感じる時には・・・
気付きパワーによるクリーンな心（まごころ）の意識変換法をアドバイスする

　何をするにしても、私たちは私たちの心と意識によって脳の働きが左右され、心と意識がはっきりと整理され、泰然としていない限り、考えや行動は散漫になってしまいます。それほど心と意識は、私たちが生きるのに大切なエネルギー基盤と言えます。では、心と意識はどの様にしたら自分の思うようになるのでしょうか。今日、世の中は急変しています。従来の考え方、生き方だけではうまく乗り切る事はできません。特に、政治やビジネスの分野ではそれが顕著です。そのため意識改革が叫ばれていますが、なかなかうまくいきません。意識が変われば、何事も上手にいくと言われている割には、どのように意識改革をすれば良いのか、その方法論はあまり明確ではないようです。

　そこで少し考えてみますと、過去において自分自身が変わった、また変えなければならなかった時、なぜそのようにできたのか、を振り返ってみると良く分かります。実は私たちの心と意識が一番変化するのは、教えられた時でもなく、何かに強制された時でもありません。それは自分で何かに「気がついた」時です。「気づき」により、「ああ、やっぱりこうする方が良いんだ」「こうしてはいけないのだ」と、何か天の声のように気づかされた時、はっとして心と意識に大きな変化をきたします。

「気づく」と心がクリーンになり「意識」が変わり、

意識が変わると「考え」が変わります。

考えが変わると「行動」が変わり、

行動が変わると「結果」が変わります。

結果が変わると自分や他人に与える「影響」が変わります。

　これを「気づきによる好循環活動」といいます。つまり、心と意識を変えるのに必要なことは「気づき」なのです。その気づきに必要な事が「振返り」という事なのです。

　私たちは毎日忙しく明日を見ています。そして将来を追いかけています。しかし、明日や将来のみを思っていたのでは、必要な気づきはなかなか生まれません。今日、昨日を振返るようにすると、すっと何かに気づくのです。なぜなら私たちの意識は、毎日毎日忙しく働き疲れます。また、嫌なことやつらいこと、失敗したことなどがい

ろいろと重なり、汚れてもきます。そこで一日を振り返ることで心と意識の掃除ができ、クリーンになります。

　すると、また何かに気づかされるのです。

　また、私たちは、成功を求めがちです。成功からいろいろと学ぶ事もできますが、心と意識を変えるほどの「気づき」は生まれないような気がします。成功よりもむしろ「失敗」や「苦い経験」から私たちはいろいろと気づかされているのです。「失敗」や「苦い経験」から気づいた事は、しっかりと心と意識に刻まれ、心と意識は変化します。私たちは、成功から方法を学び、失敗から必要な心と意識が目覚めるのです。

　何事も振返り、気づけば今までの事はすべてプラスに転換され、将来大きなパワーとなります。まるで古代遺跡の発掘をしたかのように、今までとは違った認識ができるようになります。

　これこそまさしく、自分らしい生き方の発見と自己成長の鍵となるのです。

| 今日・昨日を振り返る | （何か学んだことはなかったかなあ・・・） |

↓

| 何かに気づく | （友人の勉強ぶりが変わった） |

↓

| 意識が変わる | （自分も頑張らなくては・・・） |

↓

| 考えが変わる | （勉強にきちんと目的を持とう！） |

↓

| 行動が変わる | （毎日勉強したことで、大切なポイントをノートにしよう！） |

↓

| 結果が変わる | （大切な事がよくわかるようになった。勉強がおもしろくなった！！） |

↓

| 影響が変わる | （先生からの評価が上がった。勉強に自信がついた！） |

■自分を変える気付きパワーシート

振り返って気付いたこと	重要な理由	今後どうするか	自他に与える影響

最後に将来の日本及び日本人の歴史・文化・伝統・生活の宝である寺院が、悩み苦しむ人々のためのセイフティネットとしての役割と存続の重要性をいかにして実現するかその具体的方法を未来社会のために「寺院基本経営学」としてまとめさせていただきました。

　少しでも皆様のお役に立てればと、心より願っています。

合掌

〈参考文献〉
＊メンタルヘルスセルフケアハンドブック
　（公益財団法人日本生産性本部生産性労働情報センター）
＊イラスト　寺院経営辞典　（名著出版）
＊図解　宗教法人の法務・会計・税務　（中央経済社）

〈著者プロフィール〉

加賀 博（かが ひろし）

高野山大学　非常勤講師
千葉商科大学大学院 中小企業診断士養成課程　客員教授
東京理科大学大学院 非常勤講師

株式会社　ジーアップキャリアセンター　代表取締役
一般社団法人　千葉県ニュービジネス協議会 副会長
一般社団法人　就業総合支援協会 会長

◆略歴
慶応義塾大学法学部法律学科卒業
沖電気工業株式会社、株式会社リクルートを経て独立
企業団体の組織開発・人材育成・脳力開発を専門分野とする
現在までに携わった企業は800社を超え、大学での教鞭実績は40大学に及ぶ

◆関係研究出版は65冊以上
『みんなで考えよう　就活と採用』『社会人基礎力』『自分科学ノート』
『リクルータースキルハンドブック』『メンタルセルフケアハンドブック』
『派遣社員のためのキャリアデザインハンドブック』
（公益財団法人　日本生産性本部生産性労働情報センター）
『組織人材採用総合手法』『人材採用コンサルティング体系』
（厚生労働省認可　社団法人総合経営管理協会）
『ホスピタリティコミュニケーション力』（日本医療企画）
『キャリアエンプロイアビリティ形成法』（日経BP社）
『新時代を生き抜く学生のための新キャリア形成法』（ジリオン）
『面接官の極意書』『プロ社員を育てる88枚の実行シート』（中経出版）
『採用革命－客志向リクルーティングのすすめ』『偉大なる奇業家』（ビジネス社）
『一期一会の質実経営』（ビジネス社）　『人材採用実務体系マニュアル』（日本総研ビジコン）
『社員教育マニュアル』（プレジデント社）　『人材募集採用マニュアル』（PHP研究所）
『脳・社会力』『グローバル人材採用・育成・制度開発ガイド』『思いの力』　（カナリア書房）

など多数

日本及び日本人のセイフティネット
未来社会を変える　寺院基本経営学

2017 年 5 月 15 日〔初版第 1 刷発行〕

著　　者　　加賀 博

発 行 者　　佐々木 紀行

発 行 所　　株式会社カナリアコミュニケーションズ
　　　　　　〒 141-0031　東京都品川区西五反田 6-2-7 ウエストサイド五反田ビル 3F
　　　　　　TEL　03-5436-9701　FAX　03-3491-9699
　　　　　　http://www.canaria-book.com

印 刷 所　　本郷印刷株式会社

装　　丁　　安藤 司

Ｄ Ｔ Ｐ　　安藤 司デザイン事務所